COSMOVISÃO

PAULO ZABEU

COSMO VISÃO

do Homem às Estrelas

Conceitos Fundamentais da **Heulosofia – A ciência do Autoconhecimento**. Uma revolução do comportamento humano.

Labrador

Coordenação editorial PAMELA J. OLIVEIRA
Assistência editorial LETICIA OLIVEIRA, JAQUELINE CORRÊA
Projeto gráfico, diagramação e capa AMANDA CHAGAS
Preparação de texto MARÍLIA COURBASSIER PARIS
Revisão LÍVIA MARINHO
Imagens de capa UNSPLASH

Dados Internacionais de Catalogação na Publicação (CIP)
Jéssica de Oliveira Molinari - CRB-8/9852

ZABEU, PAULO
  Cosmovisão : do homem às estrelas / Paulo Zabeu.
  São Paulo : Labrador, 2024.
  164 p.

  ISBN 978-65-5625-571-2

  1. Autoconhecimento I. Título

24-2130   CDD 158.1

Índice para catálogo sistemático:
1. Autoconhecimento

Labrador

Diretor-geral DANIEL PINSKY
Rua Dr. José Elias, 520, sala 1
Alto da Lapa | 05083-030 | São Paulo | SP
contato@editoralabrador.com.br | (11) 3641-7446
editoralabrador.com.br

FONTE Adobe Garamond Pro | PAPEL Pólen bold 90 g/m^2 | IMPRESSÃO Paym

"Privilégio não é ter tudo o que queremos ou desejamos, mas o pouco que precisamos e desfrutá-lo intensamente, compartilhando com todos."

— **PAULO ZABEU**

CONHEÇA UM HOMEM DE PAZ

P aulo Zabeu, desde muito jovem, descobriu seu interesse em *observar* e compreender o comportamento humano. Teve na *natureza* sua maior fonte de conhecimento e inspiração.

Com as experiências de sua vida, percebeu que o *autoconhecimento* era o caminho mais curto para encontrar as respostas de seus questionamentos fundamentais sobre o *Inventor da Vida*, do homem às estrelas.

Com o passar do tempo ele foi criando, desenvolvendo e metodizando ferramentas experienciais, fruto de seu trabalho consigo mesmo e com a *natureza*, para oferecer a todos um caminho *natural* e mais rápido na trilha do *autoconhecimento*. É impossível compilar esse arsenal de *sabedoria* sem falar um pouco sobre a pessoa dele, mesmo sabendo que isso não lhe agrada.

Quem o encontra, logo na primeira vez percebe de imediato que existe nele algo de diferente: seu olhar sereno e direto, sua voz firme e suave, sua fala objetiva e gentil, seus movimentos precisos e silenciosos. Entretanto, quem convive com ele por décadas e assiste ao desenrolar da sua história, observa sua coerência, *disciplina*, obstinação, clareza mental, lealdade a todos sem distinção, *dignidade, ética*, nobreza e *sapiência* conclui que Paulo Zabeu é um *homem* que veio nesta vida com um propósito: *educar-se*, educando com *autoconhecimento*.

Possui um grande domínio de si mesmo e a reflexão está sempre presente em suas decisões. Profundo conhecedor da mente e da alma humana, consegue, sem perder a sensibilidade e a *ética*, dizer o que tem que ser dito em todas as situações, e, muitas vezes, o *silêncio* profundo são as suas palavras. Sua modéstia, em alguns momentos, chega a incomodar-me, pois, conhecendo suas virtudes, *inteligência*, capacidade e *sabedoria*, não compreendo sua insistência em sempre dar oportunidade ao outro e somente oferecer o seu parecer quando ninguém consegue achar uma solução.

Outra característica marcante de sua personalidade é a disposição para *educar* todos o tempo todo. Quando diante dos erros humanos, sua paciência é profunda. Para ele o mais importante é a experiência adquirida na ação e no trabalho e não somente nos resultados, supervalorizados em nossa sociedade atual. O que vale não é a perfeição dos resultados, mas sim cada um dar o melhor de si. Ele assim define: o belo é a harmonia entre os opostos; o que no meu entendimento quer dizer: mesmo que não esteja perfeito, se foi realizado com *reciprocidade*, dedicação e *compromisso*, o resultado será sempre belo!

É um homem com infinitas capacidades, sendo advogado nacional e internacional, empresário e administrador de bens e pessoas. Desenvolveu ainda outros tantos talentos, entre eles: possui cinco livros publicados (até agora), é filósofo, pedagogo, psicólogo, arquiteto, iogue, palestrante e paisagista. Viajou o mundo (dezenas de países) e fala quatro idiomas.

Ele sempre diz que conhecemos verdadeiramente alguém quando este está em "baixa", isto é, quando está passando por momentos em que a vida traz todas as dificuldades e parece que não haverá saídas. Pude comprovar que quanto mais obstáculos a vida lhe coloca, mais ele reflete, recua e avança, e a sua solidez firma-se cada vez mais. Mesmo diante de traições, deslealdades e ingratidões, que foram incontáveis, ele não saiu do seu caminho e direção, tampouco perdeu a serenidade.

Sua contribuição para a humanidade já é imensa. Sei que ainda terá muitos anos de *vida produtiva* e farei o melhor para que esse trabalho seja fidedigno ao seu conhecimento e que as palavras não confundam seus ensinamentos.

É uma honra conviver todos os dias com ele há 35 anos. Só posso dizer que a admiração e o agradecimento vêm do fundo do meu coração. Não tenho palavras! Agradeço-lhe por ser companheiro, amigo e eterno mestre. Sei que estas palavras expressam o sentimento de muitas pessoas que o amam, respeitam e o acompanham e ajudam na sua caminhada para a paz e o *amor* infinitos.

Juntos sempre, aconteça o que acontecer.
Sua companheira, amiga e eterna aprendiz

Paula Andréa

INTRODUÇÃO

Cosmovisão é um compêndio que retrata a história do Ser desde o seu berço no *universo* até as estrelas, onde então começará uma nova existência além do *universo* conhecido.

Os conhecimentos aqui apresentados são colocados em forma de conceitos, possibilitando ao leitor *refletir* e construir junto com o autor suas próprias conclusões e eliminar as suas dúvidas. A leitura em si, já é, um exercício de *autoconhecimento* que conduz o leitor a quebrar os seus *condicionamentos* e sair da *zona de conforto*.

Ela traz uma nova maneira de ver a jornada da existência humana na Terra e no *universo* infinito. Respondendo às 6 perguntas essenciais da vida: *de onde viemos*, o que sou, *onde estamos, como estamos, para que estamos aqui* e *para onde vamos,* possibilita a abertura de um caminho vasto para o *autoconhecimento* que poderá encurtar nossa jornada de ascensão para o desconhecido.

Apresenta na *Pirâmide da Vida*, com clareza e simplicidade, os diversos estágios que já passamos e iremos percorrer ainda em nossa construção da *consciência* até acessar o *consciquântico*.

Considera o Ser como centro do *universo* e abre possibilidades que expandem nosso entendimento e dão novo significado nobre e essencial à vida.

Traz o Ser integrado Corpo – Mente – *Ogos*, apresentando-o com 12 sentidos, além dos 5 conhecidos e abrangendo as 4 formas de compreensão da vida *exotérica*, *esotérica*, *mesotérica* e *insotérica*.

Sua metodologia de *autoconhecimento* é fundamentada nos conhecimentos filosóficos, psicológicos e pedagógicos da heulosofia, criada pelo autor.

Apresenta 23 ferramentas, divididas em 5 estágios, para o aprendiz do *autoconhecimento* desenvolver habilidades, sair da *impulsividade* e *omissão*, eliminar os transtornos emocionais, transformar seus conflitos em soluções e ter um comportamento ético na sua vida e no *universo*.

Traz a *maiêutica*, o ensino *peripatético* e a *ética* como alicerce da sua pedagogia de aprendizado.

A *Cosmovisão* isenta o ser humano de credos, religiões e quaisquer intermediários no seu caminho ao *Inventor da Vida*, trazendo o *homem* para a sua realidade interior, para que ele possa se autoconstruir ou se reconstruir para uma nova vida, uma nova existência de lucidez e paz interior.

Bem-vindo à Cosmovisão – do homem às estrelas.

ESCLARECIMENTO

Todos os conceitos apresentados em *Cosmovisão — do homem às estrelas*, sempre que possível, utilizam termos e palavras conhecidas, porém, muitas vezes, foram criados neologismos por falta de palavras e conceitos que expressem as ideias do autor.

Para ajudar ao leitor colocamos todas as palavras-conceitos em itálico, assim, sempre que vir uma palavra em itálico, saiba que ela tem um conceito heulosófico nesse livro.

Cosmovisão — do homem às estrelas é a base para a criação da Heulosofia – A Ciência do Autoconhecimento.

AS BASES DA HEULOSOFIA

PROPOSTA

Sabedoria construída com:

- φ   *experienciação*;
- φ   trabalho constante;
- φ   *disciplina* em tudo: horário, limpeza e *organização*;
- φ   *compromisso*;
- φ   harmonia;
- φ   *ética*;
- φ   uma forma simples de viver, sem rodeios;
- φ   o *foco* de ser prático em tudo;
- φ   a disposição de fazer o que tem que ser feito, sempre.

OS 10 PILARES DA HEULOSOFIA

1. O primeiro pilar é a integração e interação sinérgica entre: os três ramos do conhecimento humano – a filosofia, a psicologia e a pedagogia.

    A **Filosofia Heulosófica** estuda e pratica os processos do *pensamento* humano, da *reflexão*, da razão, da *lógica*, da *percepção* e do despertar (navegar na *rede neural primordial*). É embasada na *antropogenia* (história individual do Ser) e na *palingenesia* (a ciência da reencarnação).

    A **Psicologia Heulosófica** utiliza as ferramentas do Saber para parir (*maiêutica*) e o conteúdo acumulado na história individual do ser humano, mental e ogoico para esculpir almas. Desvenda os *arquétipos* da mente humana, facilitando ao Ser a compreensão de si mesmo e sua mudança para novos padrões de comportamento.

    A **Pedagogia Heulosófica** é a forma metodizada ou *natural* (peripatética) que se utiliza para interagir e transmitir (*aprender* e *ensinar*) conhecimentos e virtudes para despertar o Ser à sua realidade interna, cujo objetivo é a eternidade.

    Esses três ramos do conhecimento humano praticados de forma integrada trazem o Ser para sua *coordenada cósmica*.

2. *Autoconhecimento* que integra corpo, mente e *ogos*.

3. Identificar os *universos manifesto* e *imanifesto*.

4. O *Inventor da Vida*, causa primária de todas as coisas.

5. *Ogos*, efeito primário de todas as coisas.

6. Cada Ser, individualmente, é um centro do *universo*.

7. A *antropogenia* do Ser, história evolutiva baseada na reencarnação (*palingenesia*), é a base da *evolução* e da *elevação* de todos os seres, sem exceção.

8. Não ter qualquer pretensão de transformar pessoas pelos seus ensinamentos, mas despertar *consciências,* isto é, acessar seu *universo de soluções* de forma segura e sem pressa, pelo exemplo.

9. A Heulosofia não é *religião*, seita ou credo, é, sim, a ciência do *autoconhecimento*. Ela tem conexão com o *Inventor da Vida* e a espiritualidade, e não com as religiões.

10. O legado da Heulosofia é iniciar, apenas iniciar, uma revolução no comportamento humano, do individual para o coletivo.

GANHOS PARA O SER

Com a prática da Heulosofia, cada Ser aproximar-se-á de sua *coordenada cósmica*, que é o ponto de interseção entre o que ele "está" e o que realmente "é"; pois, trabalhando no *autoconhecimento*, eliminará o vácuo existente entre seus *universos de soluções* e *de conflitos*, alojados na sua mente, o que chamamos de *eco da consciência*. Deixará de ser escravo de tudo e de todos, para assumir o comando de sua vida e construir o seu próprio *destino*.

Heulósofos são os praticantes da ciência do *autoconhecimento*. Ela integra o corpo, a mente e o *ogos* de forma simples e sem nenhuma espécie de artifício e ritual. Deve ser sempre uma opção consciente e responsável com a vida. É um modelo de existência.

Só descobriremos se somos heulosóficos, simpatizantes da Heulosofia, ou heulósofos quando chegarmos ao final de nossas vidas, analisarmos nossas próprias realizações, por onde passamos e se estamos autorrealizados com o resultado obtido. Não haverá diplomas nem graduações, somente a *alegria* de ter feito a coisa certa.

OS FUNDAMENTOS DA HEULOSOFIA

Na Heulosofia não existe mestre nem guru. Todos são aprendizes da vida, onde um aprende com o outro, com as virtudes e com os defeitos. Não tem *adoração* aos seres vivos nem aos mortos. É um caminho solitário no aprendizado e coletivo no exemplificar. Não existe hierarquia instituída, a não ser o respeito que se adquire com o decorrer do tempo e das obras. Existe, sim, uma *organização* definida que caracterizam a Fundação Eufraten e o Instituto Oikon – Pesquisa e Desenvolvimento Humano.

A Fundação Eufraten é como uma nascente de um rio, onde praticamos o *autoconhecimento* na íntegra, tornando-o um delta que irá desembocar no oceano da *sabedoria*.

O Instituto Oikon é um rio que mantém a fertilidade nas margens, criando um nascedouro de conhecimento. Portanto, a Heulosofia sempre será o adubo que fertilizará toda nossa plantação interior no vasto terreno da nossa vida.

A Heulosofia é um "preparar" para a próxima jornada, onde formos requisitados a *agir* e viver. É um investimento no futuro, cuja moeda de negócio é a vontade e o *querer* direcionados para nos reconstruirmos, e a mercadoria é a próxima reencarnação.

Ela estimula o trabalho voluntário, formado por aqueles que, pela sua *força de vontade* e o *querer*, trabalham para o *bem* do todo e ousam, principalmente, construir o seu próprio *destino* pelo *autoconhecimento*. A Heulosofia é um modelo de vida que mudará nosso comportamento para sempre e remodelará o nosso futuro.

A arte na Heulosofia é como a sombra do *Inventor da Vida* a estimular o ser humano a descobrir o belo; e o belo é a sombra da *consciência* humana acordando para o divino. No belo o *homem* descobre a harmonia entre os opostos; com a arte o ser humano esboça a comunicação consigo mesmo. Despertando os dois, a arte e o belo, exercitamos a linguagem do *universo*. Jamais devemos confundir arte com idolatria, a primeira expressa o belo da alma humana, já a segunda, o fanatismo. Cultivamos a arte, não cultuamos ídolos vivos, tampouco mortos. O nosso *destino* é o infinito e a eternidade.

A Heulosofia ensina-nos que, ao contrário do que fazemos, devemos desfrutar o mínimo do muito que nos é oferecido, de forma educativa e não reprimida, isto é, uma conquista de *educar* os sentidos e a mente. Precisamos treinar a viver o máximo do mínimo, porque um dia, em algum lugar do *universo*, seremos obrigados, fatalmente, a viver com o mínimo, e então não iremos gerar *sofrimento*.

Dentro da Heulosofia praticam-se os *5 estágios do autoconhecimento:*

1° ESTÁGIO

Os 5 movimentos do autoconhecimento: observar, refletir, tomar atitude, agir e saber esperar.

2° ESTÁGIO

Os 5 movimentos internos: mirar-se, analisar os sonhos, planejar-se, ousar e retomar-se de alfa a ômega.

3° ESTÁGIO

Os 3 princípios propulsores da humanização: iniciativa própria, senso crítico e criatividade.

4° ESTÁGIO

O saneamento mental: varredura, impessoalidade, organização focada, neutralidade e vacuidade.

5° ESTÁGIO

O teorema da aprendizagem heulosófica: aprender, praticar, consolidar, decantar e eliminar resíduos

A Heulosofia tem como *objetivo essencial* acelerar a construção da *consciência cósmica*, para encurtar, assim, o caminho do Ser atemporal até o *Inventor da Vida*.

Todos os seres que buscam o *autoconhecimento* e agem para o *bem* de todos, acima de seus interesses pessoais, estão convidados a se tornarem Heulósofos.

O ser humano é a matéria-prima da Heulosofia, cuja condição primordial é possuir uma forte predisposição e uma determinação de se autoconhecer, e *agir* para o *bem* de todos acima dos seus interesses pessoais.

A Heulosofia não oferece facilidades, mas desafios para aqueles que querem *ousar* a conquista de sua *autorrealização*. É um caminho áspero e difícil, porém o mais curto para a liberdade de *consciência* e para alcançar *o comando da mente*, o *controle das emoções* e a *assertividade nas ações*.

Os heulosóficos, na medida de sua compreensão, mergulharão e aprimorarão seus conhecimentos e práticas, encontrando mais e mais respostas para seus conhecimentos e descobertas, até se tornarem heulósofos. Quando heulósofo, deixará de ser, simplesmente, uma busca, tornar-se-á um encontro consigo mesmo e participará do movimento da *natureza* humana e cósmica de forma *natural* e integrada. Descobrirá que tudo já estava dentro de si e o que faltava era apenas um ponto de partida. Reiterando, não haverá intermediários entre você e o *universo*, pois sempre foi e continuará sendo uma eterna busca do *Inventor da Vida*. O infinito e a eternidade esperam-nos, sem mestres e gurus ou hierarquias de qualquer *natureza*.

Teremos, sim, a *reciprocidade* dos seres mais elevados, mas não a interferência ou a participação direta deles em nossas decisões. Seremos responsáveis pela construção do nosso *destino*. Essa deverá ser a grande força e o estímulo para aqueles que querem encontrar a sua *coordenada cósmica*. A Heulosofia oferece-nos o caminho do *autoconhecimento*.

De agora em diante, Eu e Eu seremos um só. É a *era da humanização*. Só assim poderemos caminhar com as próprias pernas, amparando os necessitados de *amor* e luz.

Seja bem-vindo à Heulosofia.

Paulo Zabeu

DESVENDANDO A HEULOSOFIA

DA COSMOVISÃO

É o resultado do *consciquântico* desenvolvido e em *expansão* que, ultrapassando os limites dos sentidos conhecidos, conecta-se com a *rede neural primordial*, "o cérebro" do *Inventor da Vida*, e acessa conhecimentos até então ignorados.

DO OBJETIVO ESSENCIAL DE SUA PROPOSTA

Sua proposta tem como *objetivo essencial* acelerar a construção da *consciência* humana para a visão *cósmica*, encurtando, assim, o caminho do Ser para o *Inventor da Vida*.

DA SÍNTESE DA COSMOVISÃO

Educar-se, educando com *autoconhecimento*.

DAS 6 PERGUNTAS DA COSMOVISÃO

DE ONDE VIEMOS?

Viemos do *Inventor da Vida*. Fomos criados simples e ignorantes, apenas uma centelha sem *consciência* de nós mesmos, do *Inventor da Vida* e do *universo*.

O QUE SOMOS?

Somos o *ogos*, a menor partícula do *universo*, o efeito primário de todas as coisas, criados pela causa primária de todas as coisas, o *Inventor da Vida*. Somos "o que", porque, em essência, não somos uma pessoa, mas sim o *ogos*, a primeira unidade produtiva do *universo*. Ao passar por todos os reinos e *estados de consciência*, aprenderemos os mistérios da vida e do *universo*, seremos no futuro construtores de mundos, sóis, galáxias e muito além de tudo o que já conhecemos; o *universo imanifesto*. Esse é o nosso único *destino* que já está definido para todos nós.

ONDE ESTAMOS?

Estamos dentro de um ciclo contínuo e eterno, um manvantara, evoluindo por meio da *pirâmide da vida*, para alcançar as estrelas.

COMO ESTAMOS?

Estamos aprendizes de viver a caminho do *Inventor da Vida*. Na forma humana, porém adormecidos, com futuro certo para a nossa *coordenada cósmica*, quando então deixaremos de "estar", para "ser". Estamos construindo nossa identidade cósmica e deixando para trás a personalidade imitativa que cultivamos na plataforma de sobrevivência.

PARA QUE ESTAMOS AQUI?

Para encontrarmos nossa *coordenada cósmica*, que é o ponto de interseção do que "somos" e o que "estamos", e eliminar o *eco da consciência*. Ao encontrar a *coordenada cósmica* estamos no rumo da *autorrealização*, isto é, a liberdade conquistada com *livre-arbítrio*, muito trabalho e sem *adoração*.

Para encontrarmos a resposta das 6 perguntas do *autoconhecimento*, descobrir como ser atemporal, que somos o centro do *universo* e a medida de todas as coisas, e que o *universo* é eterno e infinito, e só existe pelo *amor do Inventor da Vida* em cada criatura.

Para desenvolver a *autogestão integrada*, administrar a nossa própria vida e *destino* em todos os seus ambientes: pessoal, familiar, profissional, social e comunitário.

Para descobrir que, como todos os seres em *evolução*, somos um "Sol" encoberto pelas nuvens intempestivas das emoções.

Para crescer e expandir. Crescer é para fora do *ogos*, *evolução*, conhecimento, edificações. Expandir é para dentro do *ogos*, *elevação*, virtudes, *consciquântico* e integração consigo mesmo; resumindo: desenvolver a *reciprocidade*. A união da *elevação* e da *evolução* faz-nos avançar estágios na *pirâmide da vida*, que por sua vez será eterna.

Para *aprender* conosco e com o outro, *educar-nos*, educando com *autoconhecimento*, integrar *crescimento e expansão* para produzir o desenvolvimento do corpo, da mente e do *ogos*. Expandindo-nos, ascendemos, elevamo-nos na *pirâmide da vida*, rumo à verdadeira vida para a qual nós existimos: o *universo imanifesto*.

PARA ONDE VAMOS?

Para o *universo imanifesto*, rumo à eternidade, aprendendo infinitamente os mistérios do *universo* de dentro para dentro.

DO INVENTOR DA VIDA

Não teve princípio e tampouco terá fim. É a causa primária de todas as coisas.

O *Inventor da Vida* não é "quem", mas sim "o que", pois, se fosse quem, seria "persona", mutante, e o *universo* estaria eternamente instável.

O *Inventor da Vida* é, sempre foi e sempre será pleno, imutável, onisciente, onipresente e eterno. Suas criaturas estarão sempre em desenvolvimento, pois se os *ogos* igualarem-se ao *Inventor da Vida*, teríamos infinitos inventores da vida, o que a *lógica* não pode aceitar.

Supondo-se que um dia houve um começo de tudo, este foi o *universo*. O *Inventor da Vida* criou primeiro o *universo* para acolher a sua criatura: o *ogos*. Pergunta-se: se um dia o universo foi criado, o que existia antes? A *lógica* nos impulsiona a concluir que o *universo* sempre existiu e sempre existirá.

A maior e única dádiva que nos foi dada pelo *Inventor da Vida* foi a "VIDA"; e todo o resto é por nossa própria conquista, somos escultores de nossa própria vida e *destino*.

Ele não interfere nos dramas *humanos*. Suas leis eternas garantem que todos os seres passarão pela *pirâmide da vida* e, um dia, retornarão a Ele (ao *Inventor da Vida*), despertos em virtude e conhecimento de todos os mistérios existentes no *universo*, incluindo Ele mesmo e o *universo*.

Amor, só o *Inventor da Vida* o "*é*", pois Ele é a fonte de tudo. Suas criaturas desenvolvem a *reciprocidade*, um autodesenvolvimento por meio de sua manifestação.

DOS UNIVERSOS

Há dois *universos*: o *manifesto* e o *imanifesto*, ambos são eternos, infinitos e sempre existiram.

Existem infinitas plataformas de existências entre um e outro *universo*, as quais galgamos lentamente. Vida após vida, cruzamos *portais*, e com infinitas formas e aparências vamos construindo uma identidade própria, que jamais se confundirá com outras, vivendo em plena harmonia de luz e paz com todos os seres nos *universos*.

DO UNIVERSO MANIFESTO

Possui infinitas dimensões e *portais*, os quais a humanidade está começando a explorar. É a "morada dos *ogos*", o ambiente de todos os seres criados onde exercitam, por meio da *reciprocidade*, o conhecimento e a virtude: as *duas asas da sabedoria* eterna. No *universo manifesto*, a matéria de construção é externa ao *ogos*; fora dele, ela sempre existiu e sempre existirá.

O *universo manifesto* é a escola inicial, onde encontraremos todo o material necessário para adquirir experiência e desenvolver a *consciência* e o *consciquântico*. A nossa *consciência* é o *universo soluções* alocado em nossa mente e o *consciquântico* é o nosso Bluetooth individual para acessar a *rede neural primordial,* o "cérebro" unificado e a fonte de toda *sabedoria* universal, de onde poderemos acessar os arquivos do *Inventor da Vida*. Ativaremos o nosso bluetooth para acessar a *rede neural primordial* quando tivermos a *evolução* e a *elevação* necessárias (alto grau de conhecimento e virtude).

É o campo fértil, a oficina de *aprendizagem* para que a menor partícula do *universo*, o *ogos*, descubra-se, e um dia, como *cocriadores*, em essência, imagem e semelhança do *Inventor da Vida,* passa a transformar o *fluido cósmico universal* em mundos, sóis, sistemas estelares, galáxias e *universos*, desenvolver a vida e administrá-la. Esse é o nosso *destino* final no *universo manifesto* para, depois, ascendermos para o *universo imanifesto*.

DO UNIVERSO IMANIFESTO

Após adquirir a *sapiência* universal, conhecimento e virtude nos seus mais amplos entendimentos, *consolidar* a sua *autoiluminação* e participar efetivamente da cocriação, o *ogos* permanecerá no *universo definitivo*, o *imanifesto*, onde construirá, de forma lenta e perpétua, o seu próprio *universo*. O *ogos* sapiente desenvolverá por si mesmo o *universo imanifesto*, permanecerá eternamente no seio do *Inventor da Vida* e iniciará um novo processo a que chamaremos de Plenitude Divina ou estado sapiente, o mais alto programa de arquitetura quântica, que podemos metaforicamente comparar com a "inteligência artificial", que o presente estágio humano, começa a deslumbrar, e como tudo que se inicia na infância, toda *criança* peralta gosta de brincar. A menor partícula do *universo manifesto* torna-se, no *universo imanifesto*, maior que todo o *universo manifesto*, pela infinita ampliação de sua Plenitude que é o seu *12º sentido*, a *imanescência*.

Lá de face com o *Inventor da Vida* começa a verdadeira vida: a *consciência* plena de si e de sua origem, não mais necessitará das experiências oferecidas pelo *universo manifesto*, já acessado, experimentado e conquistado. Tudo no *universo manifesto* é para *aprender*, conquistar, para finalmente começar a *imanescência* universal.

Lá dentro de si, ele (o *ogos*) está pronto a viver na Plenitude Divina, integrado. E tal como a partícula de perfume de uma flor, desfruta de todo o jardim do *Inventor da Vida* que jamais terá fim.

DA REDE NEURAL PRIMORDIAL

Representa os "neurônios" do *Inventor da Vida* que, tal como da água dos oceanos abundam os peixes, a *rede neural primordial* alimenta de *reciprocidade* as sinapses de conhecimento e *amor* divino, os *consciquânticos* nos infinitos *universos*. Ela é a sombra do *Inventor da Vida*, a *inteligência* suprema, é o berço da criação.

Ela é o "Google" da manifestação do *universo manifesto* e todo o princípio da criação e as leis primárias, nas nuvens virtuais do *Inventor da Vida*.

DO ETEROESPAÇO

Compreende tudo que engloba os *universos* conhecidos e desconhecidos, desde o seu início até as infinitas dimensões neles existentes.

É o elo que une toda a vida e toda a morte, em todas as dimensões do *universo* infinito. É onde se manifesta a *sapiência* do *Inventor da Vida*. De forma análoga, é como se o *Inventor da Vida* fosse o oceano e os peixes, a criação. A *rede neural primordial* está dentro do *eteroespaço*, espaço sem espaço, com limites sem fim.

DA CADEIA COMPONENTE DA CRIAÇÃO DO UNIVERSO

A *cadeia componente da criação do universo* é uma representação simbólica que demonstra a cadeia evolutiva da criação. Nomeamos as transformações do *ogos* desde seu princípio até o seu final, no *universo manifesto*. Ilustrado na Figura 1.

CADEIA COMPONENTE DA CRIAÇÃO DO UNIVERSO

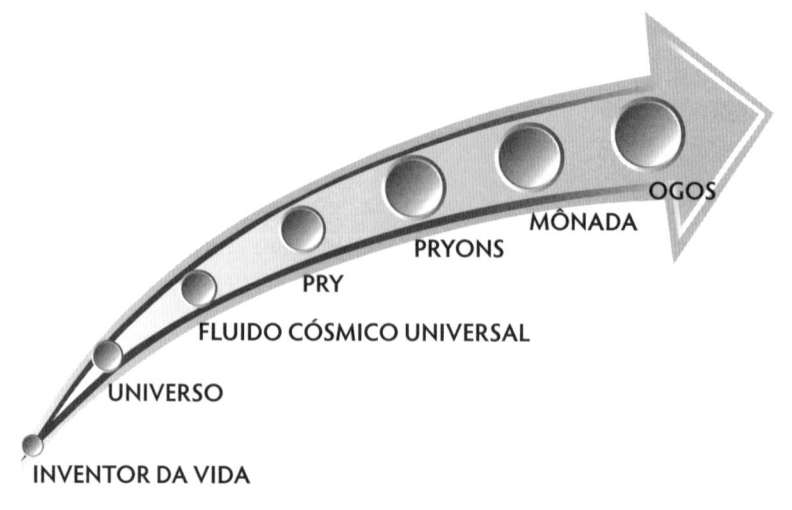

Figura 1

DO ÉTER

Pode-se definir *éter* como um campo multiface pelo qual todo o *universo manifesto* movimenta-se e mantém-se. É nele que as leis naturais agem, como as leis da física que regem a matéria: da gravidade, inércia; as leis da vida: o *atrito*, as *5 leis da evolução dos seres*; assim como as variáveis: a pressão, a atmosfera, o calor, o frio, o *tempo*, o *espaço* etc.

DO MOVIMENTO

A matéria-prima que constrói o *universo*, o *fluido cósmico universal*, estando em estado de hibernação, começa a atritar pela força do OM. Esse som, que está por trás de todos os sons existentes no *universo* emanado pelos *cocriadores*, que um dia também seremos, promove o *atrito* entre as partículas, que chamamos de *pry*.

DO ATRITO

É o mecanismo *natural* de *evolução* na *pirâmide da vida*.

DA TRAJETÓRIA DA EVOLUÇÃO — A PIRÂMIDE DA VIDA

É a representação da jornada do *ogos* no *universo*, desde sua saída do "ventre" do *Inventor da Vida*, passando pelos estágios evolutivos e *estados de consciência*, até seu retorno a Ele. A trajetória para o *Inventor da Vida* se dá por meio da construção da *consciência cósmica*, do mergulho no *imanifesto* e da *imanescência*, aí está a grandeza infinita do *Inventor da Vida* e o paradoxo do *universo*. O *Inventor da Vida*, o maior, o *ogos*, o menor, os dois juntos compõem todas as coisas existentes; um eterno vir a ser. Todo nós, sem exceção, já fomos a matéria-prima nas "mãos" do *Inventor da Vida*. Ilustrado na Figura 2.

PIRÂMIDE DA VIDA

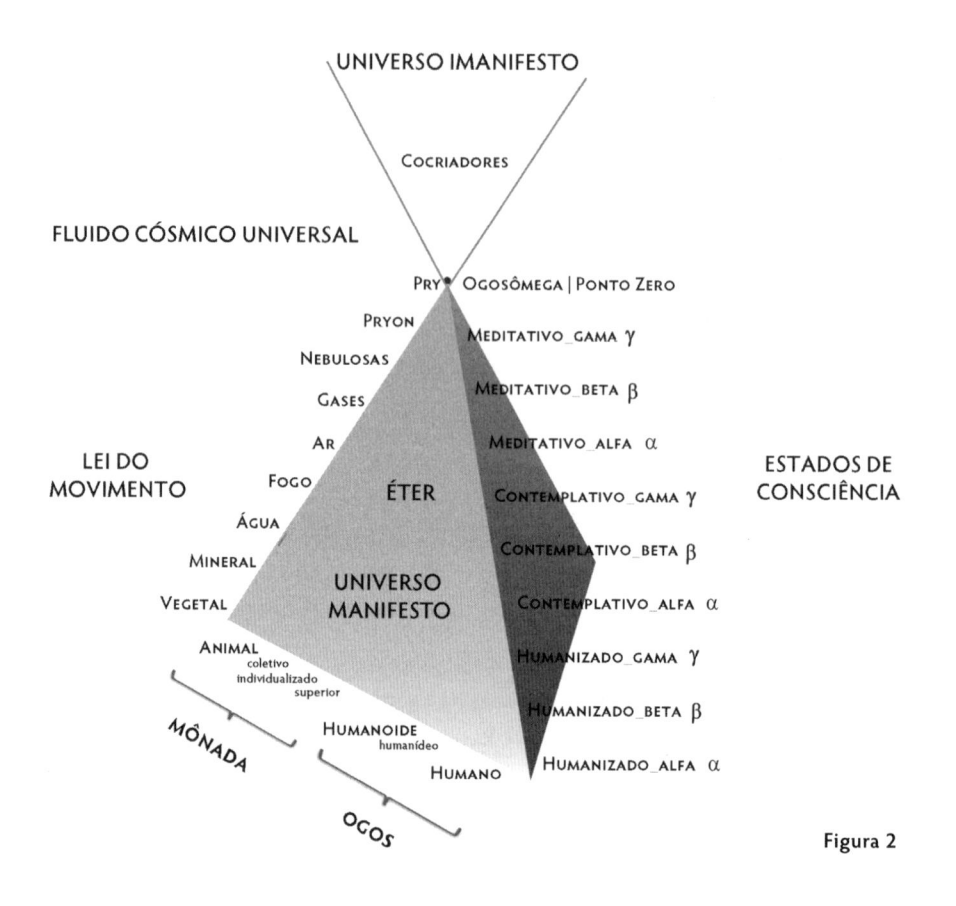

Figura 2

DO FLUIDO CÓSMICO
UNIVERSAL (FCU)

É a matéria-prima que compõe todo o *universo* e tudo que nele está contido, com exceção do *Inventor da Vida*.

DO PRY

É a primeira transformação do *fluido cósmico universal* – FCU – pelos *cocriadores* que, por sua vez, são conectados diretamente na *rede neural primordial*. Os *prys* compõem todas as partículas atômicas, mesmo bem antes de serem átomos, das nebulosas às galáxias, das partículas de *pensamentos*, os quais também tiveram seu início como FCU, partículas do *fluido cósmico universal*.

DO PRYON

Tudo no universo é baseado num só elemento, como já dissemos, o *fluido cósmico universal*, cujas partículas individualizadas chamamos de *pry*, que por sua vez, pelo atrito provocado pelos cocriadores, transformar-se-á em *pryon*, princípios elementares que iniciam seus primeiros *movimentos* descendentes para o *éter*, pó das estrelas, evoluindo de forma encadeada e lenta aos reinos superiores.

DA MÔNADA

As *mônadas* são um processo evolutivo do *pryon*. Já num movimento ascendente, linear na representação da *pirâmide da vida*, começam a escalada para a *evolução* inconsciente e mecânica, química, física, por meio da força da atração e repulsão para habitar corpos cada vez mais elaborados. Elas iniciam sua *evolução* na vida unicelular até chegarem aos animais superiores, como os mamíferos, que já apresentam *inteligência*, emoções e capacidade de *aprendizagem*.

DO OGOS

O *ogos* é o efeito primário e a medida de todas as coisas. Ele é o *foco* da existência do *universo*, é o próprio centro do *universo* já que tudo foi criado para o ele e não o contrário.

Cada centelha *Pry* passa a chamar-se *ogos* quando conquista a forma *humanoide*, tendo como referência a *evolução* no planeta Terra, pois em outros planetas ou esfera de vidas as formas são infinitas.

Tem como sua origem o *Inventor da Vida*, criado simples e ignorante, voltará, a Ele, *sábio* e conhecedor de todas as coisas.

O *ogos* é eterno, infinito e possui forma piramidal. Teve um começo, mas jamais terá um fim.

Todos os *ogos* tiveram o mesmo princípio e terão, por caminhos infinitamente diferentes, o mesmo fim.

Cada *ogos* é, e será eternamente, uma individualidade, mesmo no *universo imanifesto*. Sempre saberemos *o que somos* e jamais seremos confundidos com o *Inventor da Vida* ou com outros *ogos*, pois somos únicos.

O *universo* foi criado para o *ogos* e não o *ogos* para o *universo*, logo, essencialmente, o *ogos* é maior que o *universo*, apesar de ser a menor partícula nele existente.

Paradoxalmente, é a menor partícula do *universo* e possui todo o *universo manifesto* para *aprender*, desenvolver-se e descobrir o *imanifesto* dentro de si, a ser construído, explorado e desfrutado, por meio da *evolução* e da *elevação* que se resumem na *reciprocidade*.

Viverá no seio do *Inventor da Vida*, em sua plenitude, quando *consolidar* a sua *consciência cósmica* para o *universo imanifesto*, mas nunca será igual ao *Inventor da Vida*, que sempre estará eternamente à frente de sua criatura. Eis o grande enigma: eternamente *aprender* e viver, reviver e *aprender*.

Na escala evolutiva da vida passa por todos os reinos. É viajante do *tempo* e do *espaço* e eternamente aprendiz.

No *universo manifesto*, quanto mais *elevação*, maior a intensidade da luz emanada pelo *ogos*. Entretanto, quando ele começa a mergulhar no *universo imanifesto*, sofre o processo de "in-manação", isto é, sua luz vai tornando-se desnecessária na medida em que ele vive nesse *universo*. Isso porque o pulsar para fora desaparece, e deixa de atritar no *éter* para fora, para, por assim dizer, atritar para dentro, pulsar de dentro para dentro dele mesmo.

O DNA do *ogos* é a *sapiência* que no início de sua trajetória é simples e ignorante, mas com o *atrito:* cair, levantar, perder, ganhar; ele vai adquirindo conhecimento e virtude, por ele mesmo, e alcança mais rápido através do *autoconhecimento* os píncaros do *universo elevativo* e *evolutivo*.

DO PULSAR DO OGOS

A centelha irradiante, o *pry*, por meio da lei do *atrito,* tornar-se-á um *ogos*, tem como início de sua existência o pulsar que ocorre em toda parte do *universo*. O Pulsar é o movimento de sístole e diástole que tem como primeira manifestação aquilo que chamamos "vida" no *universo manifesto*; é a letra A do alfabeto da vida universal.

Esse pulsar, na medida em que a centelha evolui por meio de *atritos* no *éter* infinito com outras centelhas, forma uma rede interativa vibracional. Esse *atrito* é que traz, primeiramente, a *evolução* da centelha, cria uma irradiação exterior, que, no futuro, quando já habitar o reino animal, transformar-se-á em ondas de *pensamento*.

Os *pensamentos* unidos formarão as ideias e os conceitos, conduzirão a centelha irradiante (o *ogos*) para a *evolução* e a *elevação*, habitarão desde corpos inferiores até os superiores, quando tornar-se-ão *cocriadores*.

Lembre-se: os *cocriadores* são seres que já passaram pela fieira evolutiva e que, exercitando as forças criativas, aceleram o processo evolutivo no *universo*.

Um dia, ela, a centelha *(ogos)* deixará de emitir ondas de vibrações exteriores e habitará o *universo imanifesto*. Neutralizará as ondas de luz e de vibrações externas (processo de "in-manação") para expandir infinitamente no seu *universo* interior, que chamamos de *universo imanifesto*. Todo o seu potencial será para se identificar com o *Inventor da Vida* definitivamente, e somente em casos extremamente especiais voltará a readaptar-se ao *universo manifesto*.

A boa perspectiva é que todos nós começamos simples e ignorantes e terminaremos como *sábios* e conhecedores dos mistérios do *universo*, construindo planetas, sóis, sistemas solares, galáxias e tudo que neles contém. Esse será nosso trabalho!

DO SER PENSANTE

Vive sob o domínio da lei da sobrevivência. Ele e a sua mente são uma coisa só. As ilusões passageiras para ele são verdades absolutas, o que o leva aos radicalismos e desequilíbrios emocionais.

Cria mitos e rituais para explicar e buscar as realidades da vida e do *universo*, pois as desconhecem por completo. Acredita em milagres, superstições e nas divindades que irão salvá-lo ou puni-lo. Depende de adivinhações e sente forte atração pelo sobrenatural. Não possui *discernimento* nem virtudes como a lealdade, a justiça e a *ética*.

Dividem-se em *humanoides*, *humanídeos* e *humanos*.

DO SER PENSANTE HUMANOIDE

Recém-saído do reino animal, exercita os primeiros passos na forma humana. São aqueles que têm corpos *humanos*, mas mente e corpo bioplasmático animalizados. São pura *impulsividade* e *omissão*, as polaridades do estado emocional. Sem *reflexão* consciente, vive para si mesmo e para a sua subsistência física e emocional.

Esses seres quando se sentem excluídos e/ou marginalizados da sociedade podem desenvolver o estado de comportamento *humanídeo*, e, sob pressão, manifestam todas suas tendências primitivas adquiridas no reino animal.

Foco: sobrevivência.

CARACTERÍSTICAS:

φ vive na *impulsividade* e na *omissão*;

φ movimenta-se por ação e reação;

φ armazena experiências;

φ exercita a *livre vontade;*

φ age pelas emoções e *condicionamentos*;

φ não possui opinião própria nem *discernimento*. Depende das decisões alheias, tal como uma folha ao vento, é sempre conduzido;

φ vive em estado de *insegurança* e indefinição constantes;

φ apega-se às paixões: futebol, família, religiões (fé cega) e tradições para sentir-se seguro;

φ ao adquirir um vício, não se esforça para eliminá-lo. Por exemplo: o fumo, as bebidas etc;

φ aprende por imitação – vê e faz;

φ pensa, logo desiste;

φ	não possui *reflexão*, praticamente nula (semelhante aos animais);

φ	não acessa a *lógica*.

DO SER PENSANTE HUMANÍDEO

Tem aparência humana, porém a mente ainda vive no reino animal e suas tendências e impulsos animais dominam suas ações e comportamentos. Pode apresentar níveis de intelecto avançado, mas sua *elevação* é nula. Quebra as condutas do reino hominal (ainda frágeis em sua mente) e vive suas tendências primitivas. São seres que, geralmente, desenvolvem comportamentos psicopatas e cometem os crimes mais hediondos e/ou misturam-se na política e exercem o *poder* de forma exacerbada, decisões e ações bizarras.

A origem deste comportamento está sempre nos desencontros emocionais e na falta de *adaptabilidade* ao meio em que vivem, bem como na sociedade que ignora suas necessidades básicas e, geralmente, os excluem. Para chamar a atenção e sentirem-se superiores aos outros, mergulham em suas tendências animais, ainda fortes e bestiais. Seu magnetismo é forte para atrair aliados fanáticos e seguidores, mas sua luz é nula *discernimento* zero.

A *natureza* sempre chama os seres para a *evolução*, portanto, são obrigados a avançar. A forma mais fácil encontrada para evoluir é dominar o outro pelo *poder e prazer*, mesmo que por meio das aberrações. Por isso, a Heulosofia não entende esses comportamentos como doenças, mas sim como estados mentais da *evolução*, que desaparecerão com o tempo e com as experiências adquiridas. Não existe ninguém pronto, pois tudo é construído, inclusive os "deuses".

Foco: sobrevivência.

- φ   quando no *poder*, são déspotas e tiranos, corruptos, levianos, passionais, pessoais e insensíveis;

- φ   melindrosos, suscetíveis e vingativos;

- φ   quando seu *poder* é ameaçado, usam da força sem escrúpulos. Pode ser na família, na comunidade ou na sociedade, não importa;

- φ   podem cometer genocídios sem *remorso*;

- φ   internamente são frágeis e inseguros, como bolinhas de sabão;

- φ   a busca desses seres é o *poder e o prazer*, a qualquer custo, tendo como finalidade o destaque público;

- φ   são covardes na mesma proporção da valentia;

- φ   adoram puxa-sacos, *vaidade* sem limite.

DO SER PENSANTE HUMANO

É a fase de transição entre o *humanoide* e o *humanizado*. É o início da educação, do *comando da mente*, do *controle das emoções* e da *assertividade nas ações*.

EXERCITAM COM MUITA DIFICULDADE:

1. o aprimoramento da razão;

2. a *ética*;

3. a igualdade;

4. a justiça;

5. a *reciprocidade*.

Foco: exercitar a observação consciente e a *reflexão*.

CARACTERÍSTICAS:

φ começa a avaliar as ações e as reações — *tomar atitude*;

φ educa a *impulsividade* e a *omissão*, por meio do exercício constante do *agir* e do *saber esperar*, transforma a *impulsividade* em *iniciativa própria* e a *omissão* em *renúncia*;

φ educa os *5 sentidos*, elimina os excessos, com sensibilidade e *flexibilidade*, e ao mesmo tempo elimina os *5 elementos do fator inútil*: o *ócio*, a *bisbilhotagem*, o *apego*, a *impulsividade* e a *omissão*;

φ começa a identificar a *força interna*, fruto das experiências produtivas armazenadas na *consciência (universo de soluções)*;

φ identifica os seus *medos* e começa a trabalhá-los com determinação.

φ começa a desenvolver o *livre-arbítrio* pela observação e reflexão;

φ começa a *praticar* os *3 princípios propulsores da humanização*: a *iniciativa própria*, o *senso crítico* e a *criatividade*.

φ caminha se reeducando e se autoconhecendo, analisa suas emoções e *condicionamentos*.

φ acessa parcialmente a *lógica*.

DO SER HUMANIZADO

Já consolida em si o "humano". Pratica o *comando da mente,* o *controle das emoções* e a *assertividade nas ações.* Nesse período sente a *autorrealização* como um convite a mudar de "posto". Na ascensão do Ser atemporal, não existem prêmios, apenas a realização por ter conquistado, simplesmente, um novo estágio evolutivo. Tudo é muito *natural.*

A linha divisória que identifica o humano e o *humanizado* é o 7º sentido: a *lógica.*

O *ser humanizado* globaliza suas ideias vivendo de maneira absoluta o corpo, a mente e o *ogos* integrados.

DO SER HUMANIZADO ALFA

Foco: *reflexão* consciente, decisão pela razão, mas já em busca da *lógica.*

CARACTERÍSTICAS:

- φ tem os *5 movimentos do autoconhecimento* e os *5 movimentos internos* como bússola para o *autoconhecimento;*
- φ trabalha para sanear o melindre, a suscetibilidade e para desenvolver a *impessoalidade.* Ou seja, elimina emoções pessoais, acordos, conchavos e elogios baratos. Essa é a base do processo de desenvolvimento do *humanizado alfa,* caso contrário, não avança;
- φ trabalha para eliminar os seus *medos;*
- φ constrói a segurança e a *assertividade;*
- φ revê suas paixões e trabalha, o tempo todo, para eliminá-las;

- φ busca *disciplina, disciplina, disciplina,* começo, meio e fim em tudo;
- φ foca no *planejamento*;
- φ pratica a *reciprocidade* com empenho;
- φ descobre e exercita o seu *poder de decisão*;
- φ transforma-se de um simples barro moldado na forma da repressão e dos *elos mentais (condicionamentos)* em seu próprio escultor, tornando-se um grande forno transformador, para deixar de ser um simples artefato;
- φ descobre a *lógica*, o 7º sentido, e penetra na *percepção*, o 8º sentido.

DO SER HUMANIZADO BETA

Foco: o *autoconhecimento*. Descobre que a razão é limitada e precisa desenvolver a *lógica*.

CARACTERÍSTICAS:

- φ questiona-se: quem sou eu, o que estou fazendo aqui e para onde vou? (prática da *maiêutica* consigo mesmo — o autoparir-se);
- φ avalia suas ações e reações o tempo todo, diante das adversidades;
- φ continua o processo de *educar* sua *impulsividade* e *omissão*, exercita o tempo todo, transformando a *impulsividade* em *iniciativa própria* e a *omissão* em *renúncia*;
- φ acessa a *força interna* na maioria das vezes;
- φ pratica a obediência e o comando;

- φ exercita o *livre-arbítrio*, em *expansão*;
- φ caminha com análise constante de suas emoções e *condicionamentos*, eliminando-os;
- φ desenvolve a *lógica* e a *impessoalidade* com prioridade.

DO SER HUMANIZADO GAMA

Foco: decide de forma consciente, desenvolve a *lógica* e busca a *lógica percepcional*.

CARACTERÍSTICAS:

- φ exercita com bastante amplitude a *autogestão integrada*, isto é, o *comando da mente*, o *controle das emoções*, a *assertividade nas ações*;
- φ possui a *reflexão* permanente. Já controla suas paixões e trabalha o tempo todo para eliminá-las;
- φ fortalece seu *poder de decisão* para consolidá-lo;
- φ deixa de ser comandado para tornar-se um *comandante*;
- φ constrói seu próprio *destino*;
- φ toma *consciência* dos movimentos da vida cósmica e compreende que os movimentos dessa dimensão são apenas um treinamento de guerra para a *autoiluminação*;
- φ administra a vida com *impessoalidade* e determinação, ou seja, sem melindres, suscetibilidades e acordos;
- φ tem *consciência* que tudo se transforma, nada é definitivo;

- φ identifica 5 leis evolutivas e vive com prudência em tudo;
- φ busca o *silêncio interior* como seu refúgio preferido.

DO SER CONTEMPLATIVO

Vive o *mirar-se* o tempo todo, corrige seus excessos e faltas, continua-damente. Torna-se um saneador e provoca mudanças no meio em que vive.

DO SER CONTEMPLATIVO ALFA

Foco: ação consciente, desenvolvimento da *lógica percepcional* e busca da *percepção* pura.

CARACTERÍSTICAS:

- φ em vez de contemplar só as estrelas, ele contempla o seu *autoconhecimento* e foca em suas próprias decisões;
- φ consolida o *livre-arbítrio*;
- φ saneia o meio onde vive;
- φ cuida de si mesmo e dos outros, quando eles realmente precisam.
- φ é independente e higienizador;
- φ age com *reflexão* em cada ação e movimento da vida natural-mente, pois já prevê as consequências de suas próprias ações

(*percepção inteligente*). Experiente, sabe o passado, vive o presente, planeja e conclui o futuro;

φ possui *discernimento* bastante aguçado, pois já sabe o que, como, por que, onde e quando das coisas;

φ age com *disciplina*, *foco* e *planejamento* constantes;

φ ético, com todos e em tudo.

DO SER CONTEMPLATIVO BETA

Foco: revisão comportamental, da razão para a *lógica* — *maiêutica* —, aprimora sua *impessoalidade* e desenvolve a *percepção simétrica*: medida de todas as coisas.

CARACTERÍSTICAS:

φ consolida a transformação da *impulsividade* em *iniciativa própria* e a da *omissão em renúncia*;

φ amplia seu *discernimento* na habilidade de saber o "quanto" das coisas, a proporção exata de suas ações, palavras e decisões, e tudo na medida certa; precisão absoluta;

φ expande a *força interna* e enxerga o mundo como ele é;

φ é compassivo sem sublimação e resignado sem submissão;

φ consolida o *livre-arbítrio* e o *poder de decisão*;

φ identifica-se com os movimentos da vida;

φ possui coragem, pois eliminou a valentia;

φ é obediente diante do superior;

φ cumpre vigorosamente suas obrigações com *disciplina*, começo, meio e fim em tudo, sem *dor* ou *sofrimento*.

DO SER CONTEMPLATIVO GAMA

Foco: a visão do todo o leva a compreender a expressão: "o que é bom para o todo, é bom para mim".

CARACTERÍSTICAS:

φ é seguro e assume, com *consciência*, o comando da sua própria vida e as consequências de seus atos. A sua segurança interna lhe proporciona a capacidade de decisão;

φ conquista a *autogestão integrada*, isto é, o *comando da mente*, o *controle das emoções* e a *assertividade nas ações*;

φ é autorrealizado e supera a tristeza da vida, silenciosamente;

φ está sempre só, mesmo estando com os outros. Está sempre com todos, mesmo estando só;

φ é realizador e dá preferência às obras em vez das palavras;

φ é silencioso como um gato, enérgico como uma bigorna e corajoso como um leão;

φ defende os fracos da injustiça;

φ enfrenta a injustiça com retidão, é incorruptível.

DO SER MEDITATIVO

São os avatares. Conquistaram a plenitude e *consolidaram* todas as virtudes e conhecimentos das fases anteriores. O que mais destaca-se nesses seres é a atemporalidade, ou seja, vivem o *tempo* e o *espaço* em harmonia absoluta, não existe pressa. Enxergam o futuro com precisão, portanto, paradoxalmente, estão sempre à frente de sua época. São obreiros da eternidade. O *silêncio* deles é mais alto que mil pessoas falando juntas. A *impessoalidade* desses seres é absoluta, portanto, incompreendida. Quem os encontra, jamais os esquece, pois sua *imanescência* irradia o *amor* do *Inventor da Vida*. Estimulam as *consciências (universo de soluções)* de quem as tem, mesmo no *silêncio*. Tornam-se saneadores e provocam mudanças no meio onde vivem.

DO SER MEDITATIVO ALFA

Foco: caminhar sem pressa — com começo, meio e fim, o tempo todo. Desenvolver a *autociência*: o 11º sentido.

CARACTERÍSTICAS:

- φ amplia os sentidos, pois já possui os 10 sentidos desenvolvidos e alinhados;
- φ é autoconfiante e já perdeu os *medos*;
- φ é um Ser saneado;
- φ medita o tempo todo, seu fluxo de *pensamento* é zero. Seu consumo de energia para *agir* é mínima, mas sua precisão é absolutamente precisa;

φ caminha diante das adversidades da vida sem perder o *foco*, sereno e seguro, pois sabe que um dia após o outro, trabalhando com decisão e determinação, construirá o seu próprio *universo* interior e sempre poderá acessá-lo, quando então esse *universo* de grandeza e de beleza infinitas e de *amor* do *Inventor da Vida* passa a ser o seu oráculo;

φ amplia a sua visão do mundo e passa a ser espontâneo e *natural*. Deixa de ter as alegrias efêmeras para viver a plenitude de ser o que é e entender os seres comuns e suas mazelas.

DO SER MEDITATIVO BETA

Foco: *consolidar* a *sabedoria* e despertar o 12º sentido: a *imanescência*.

CARACTERÍSTICAS:

φ conquista os *antídotos do medo*:

    I. não ter *medo* de perder nada nem ninguém;

    II. não ter *medo* da *dor* física, emocional ou moral;

    III. fazer o que tem que ser feito o tempo todo.

φ a sua *força interna* flui o tempo todo;

φ age naturalmente e suas decisões são alinhadas e absolutamente precisas;

φ é assertivo em seus mínimos movimentos;

φ não tem passado, nem presente, nem futuro e vive cada momento com precisão necessária;

φ mergulhado na unicidade do *universo*, jamais perde sua individualidade, embora compartilhando sua luz e *amor* com tudo e com todos.

DO SER MEDITATIVO GAMA

Foco: *autoiluminação* e mergulhar no *imanifesto*.

CARACTERÍSTICAS:

φ tendo descoberto os mistérios do *universo* e de si mesmo, ele está fora do sansara (carma) ou roda da vida, quando então **encarna**, não mais **reencarna**;

φ suas encarnações marcam as mudanças na humanidade. Está integrado com as leis cósmicas e todas as conexões da vida, tornando-se a âncora de transformação dos três mundos: vivos, mortos e interpostos (dimensões dos seres extraterrestres);

φ identifica no oceano universal, o micro contido no macro e o macro contido no micro;

φ descobre o grande elo que une as criaturas com o *Inventor da Vida*;

φ ativa *consciências (universo de soluções)*;

φ trabalha para o *bem* do todo, o tempo todo;

φ consolida o 12º sentido, a *imanescência*, na qual "eu e o *universo* somos um só";

φ vive o princípio do *universo imanifesto*.

DO SER OGOSÔMEGA

Possui a *imanescência* consolidada. Na Heulosofia, o 12º sentido chama-se *imanescência*. Quando no invisível, o Ser que o consolida tem a potencialidade de trazer o eterno e o infinito para dentro de si mesmo, sem viajar no *tempo* e no *espaço*, pois ele torna-se na imensidão do *universo* maior do que o infinito e a eternidade. Vive o que chamamos, na Heulosofia, ponto zero.

Foco: já vive o *imanifesto*, portanto é um saneador.

CARACTERÍSTICAS:

- φ é um Ser que encarna e não mais reencarna, ou seja, encontra-se fora da roda da vida, do sansara, ou seja, não tem mais carma;

- φ chega ao fruto máximo do *homem*;

- φ seu nascimento é diferenciado;

- φ pertence ao conselho solar;

- φ tem conexões com os três estados de vida: visível (reencarnados), invisível (ogoicos) e interposto (dimensões dos seres extraterrestres);

- φ é organizador, obstinado e estrategista;

- φ é sapiente;

- φ quando encarnado, somente identifica o seu papel de redirecionar os caminhos da humanidade na idade madura;

- φ dificilmente é compreendido pelas sociedades humanas;

- φ semelhante a todos, tem uma vida comum, mas os efeitos de suas atitudes, ações e de seus movimentos são absolutamente diferenciados;

- φ só se descobre o tamanho de sua grandeza depois de sua partida, e seu caminho será lembrado por todos e trilhado pelas *consciências (universo de soluções)* que ele despertou.

DA ESCALA DE ASCENSÃO EVOLUTIVA

Na *natureza* nada dá saltos, pois tudo é lento e progressivo. A *escala de ascensão evolutiva* integra a *evolução* dos reinos com o desenvolvimento das suas capacidades sensoriais. Ilustrada na Figura 3.

ESCALA DE ASCENSÃO EVOLUTIVA

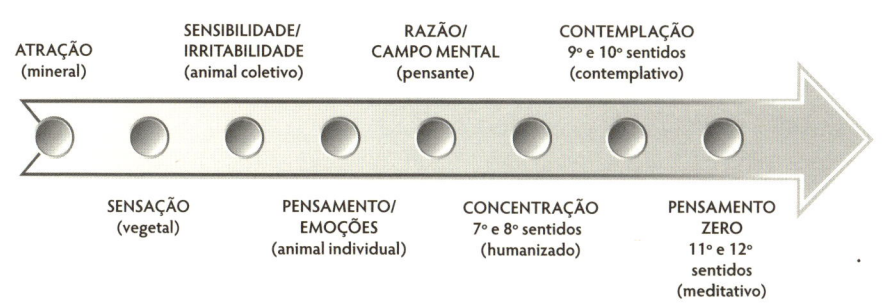

Nota: a partir do reino hominal, o critério que diferencia os seres são os *estados de consciência*.

Figura 3

DO HOMEM

Nenhum ser humano é uma folha em branco, mas sim um livro de mil páginas, no qual cada letra é uma palingêneses ou reencarnação. Por meio da palingênese aprende-se, desenvolve-se e ascende-se ao *Inventor da Vida*. Apesar de ser simples e ignorante no início de sua jornada, ainda assim é o centro do *universo*.

Nenhum *homem* nasce *sábio* ou consciente da sua existência, mas todos, sem exceção, têm em si o potencial para a *autorrealização*, e um dia construirão, por meio da experiência, sua própria luz interior.

O aspirante à *sapiência*, antes de mais nada, tem que ter vocação para ser aprendiz.

O reino humano está no momento de transição, é o início da conscientização de si mesmo, da compreensão da *ética* e da *lógica*, de seu papel no *universo* e o de seu *destino* final. É a *era da humanização*, ou seja, o Ser buscará a sua própria independência, assumirá o seu papel como Ser único e construirá o seu próprio *destino*.

O *homem* não precisa de religiões, de templos de pedra, tampouco pouco de intermediários de qualquer espécie. Basta, simplesmente, *aprender* com a *natureza* e seus movimentos e trazer para si. No *universo* não existe *religião*, ou seja, divisão baseada em diferentes conceitos do *Inventor da Vida* e da existência humana.

DA RECIPROCIDADE

É a conquista da harmonia consigo mesmo. É *refletir* esse estado em tudo e para todos, interagindo com o meio em todos os seus movimentos, desde os pequenos até os grandes.

É o conjunto das pequenas às grandes ações, atitudes e *pensamentos* que, em harmonia com as necessidades ou movimentos da vida, conecta-nos com a *rede neural primordial*, princípio de todas as leis que regem o *universo*, e nos conduz à nossa *coordenada cósmica*. É a *expansão* do Ser elevado e evoluído que, consciente ou naturalmente, expande-se e materializa partículas do *amor* do *Inventor da Vida*. O *Inventor da Vida* ama, nós apenas somos recíprocos.

É a união harmoniosa entre o saber e a *lógica* que, constituída pelo conhecimento e virtude, distribui, com *impessoalidade* e justiça, a luz interior para todos e para tudo.

De forma analógica, a *reciprocidade* seria como os raios de luz e o calor do sol que atravessam uma peneira e iluminam tudo e todos. O *Inventor da Vida* seria o Sol, o ser humano seria simplesmente a peneira, e a *reciprocidade* seriam os raios de luz e calor.

A *reciprocidade* desenvolve-se por meio da observação, da *reflexão*, da *lógica*, do *mirar-se* e do trabalho árduo, muito árduo!

A *reciprocidade* é o ato de resplandecer-se em luz, de forma espontânea e *natural*, sem *emoção* ou idolatria. Ela é fruto da *transformação do Ser* em harmonia com as leis do *universo*.

É a harmonia do *tempo* e do *espaço* na razão de sua proporção.

Não devemos confundi-la com nenhuma forma de agradecimento ou, ainda pior, pagamento de qualquer espécie. O *universo* não necessita de retribuição. Ele, por si só, mantém-se em harmonia. Deve ser sempre o nosso modelo, a nossa sala de aula.

A ideia mais próxima de *reciprocidade* é o conceito de nobreza, de talento e de harmonia consigo mesmo.

Se ninguém fizer nada em nosso favor, não devemos, portanto, ser recíprocos? Ora, a vida já é por si um ato contínuo de *reciprocidade*. Desnecessário dizer os benefícios que nos permeiam. O sol, o ar, a *natureza*, a vida etc., tudo isso é *reciprocidade* dos Devas, dos *cocriadores*, com quem nem sequer sonhamos. Eles, simplesmente pelo princípio da *reciprocidade*, exalam cuidado, vida e *continuidade*.

A *reciprocidade* está na *rede neural primordial* do *universo*. Pelo princípio da *reciprocidade* o *Inventor da Vida* é "feliz", por assim dizer, pelo simples fato de nos ter criado. Ela é como o perfume da flor que exala, simplesmente exala. No contexto da *reciprocidade* estão inseridos: a nobreza de quem realiza, a lealdade consigo mesmo, o *discernimento* desenvolvido e a gratidão sem hipocrisia. É aquilo que temos como essência divina. Ela apenas é.

O verdadeiro humanitarismo está inserido na *reciprocidade*. No humanitarismo existe a possibilidade de troca de favores ou ganhos, a *carência*, a *emoção* e o particularismo, o que já tira a característica daquilo que queremos expressar com o novo conceito de *reciprocidade*. Pois a *reciprocidade* é fazer de forma impessoal o que tem que ser feito, dentro de cinco parâmetros: o que, o como, o quanto, o quando e o para quem.

Utilizamos a palavra *reciprocidade* por falta de outra mais adequada, pois na realidade quer dizer devolver o que nos é dado gratuitamente, o tempo todo, e eternamente. É fazer parte do time cósmico, *dignidade* com nobreza e *natural* discrição.

Reciprocidade tem início nos mais íntimos movimentos da alma em *expansão*, pois o *ogos* "nobre" começa a ter *consciência* da *rede neural primordial*, arquivo do *Inventor da Vida*, de todas as leis que regem o *universo*.

PSICOLOGICAMENTE

Reciprocidade é uma conduta elegante, nobre e sábia que sobrepõe o comportamento humano convencional, pois está acima dos fatores emocionais. Ela é impessoal.

FILOSOFICAMENTE

Reciprocidade é o elemento resultante da *reflexão* ordenada, que tem como princípio básico a mudança da relação entre o *homem* e o *universo*.

PSICOSSOCIAL

Reciprocidade é fator essencial que terá como resultado a transformação do relacionamento entre as classes sociais, raças, etnias e sexos; bem como, qualquer ideologia que o *homem* criou para separar o que jamais será separado.

POLITICAMENTE

Reciprocidade é a marca indelével de quem a utilizar no *poder* para estruturar, reorganizar e, acima de tudo, devolver ao povo o que há muito se perdeu — a ordem social.

OGOICAMENTE

É a capacidade desenvolvida e conquistada, jamais ganha, que tal como o vento e a chuva suavizam a seca no campo e reorganizam o caos, ela é como a sombra do *Inventor da Vida*, jamais se importa em ser reconhecida, mas somente pelo seu perfume pode ser identificada, suave e imperceptível em cada movimento. Traz a luz na escuridão, mesmo que para isso confunda-se na multidão.

HEULOSOFICAMENTE

É a linha que separa o ser humano do *Ser humanizado*. A *reciprocidade* fará a conexão do *Ser humanizado* com a sua *coordenada cósmica* e consequentemente, mas, ainda longe dos dias de hoje, restabelecerá a harmonia e a paz na humanidade.

DOS SÁBIOS

Os *sábios*, os avatares, os sapientes e os *cocriadores* são nossos irmãos mais velhos, que, por meio do *tempo* e das palingêneses, já aprenderam o que ainda teremos que *aprender*. Eles não são seres especiais, cujo nascimento e jornada tenham sido diferentes dos nossos. São, apenas, mais velhos no saber e na *reciprocidade*. Um dia, todos nós seremos como eles, sem exceção.

DOS COCRIADORES

Os *cocriadores* são seres que passaram pela *pirâmide da vida*, assim como nós estamos passando. Construíram seu *universo de soluções (consciências)* e já estão no estado *ogosômega*. Por meio de sua *imanescência*, dominam a matéria quintessenciada do *universo* e as leis cósmicas. Um dia todos nós, mais cedo ou mais tarde, alcançaremos esse estado. Os *cocriadores* têm o papel de acelerar o processo evolutivo da criação no *universo manifesto*.

DA CONSCIÊNCIA

É o nosso *universo de soluções* em *expansão*, que, por sua vez, é construído através do tempo e das reencarnações (*palingenesia*). A *consciência* ainda é mental, portando material e pode ser palpável pelos sensitivos avançados. No futuro a ciência poderá identificá-la. Podemos dizer que é o aprendizado consolidado convergente para o *bem* do todo e com as leis do *universo*. Um dia, bem distante desse momento, ela irá se refinando, a tal ponto que, de tão etérea, deixará de existir, na medida em que formos nos conectando diretamente com a *rede neural primordial*, ou seja, o ninho de toda *sabedoria* universal, por meio do *consciquântico*.

CARACTERÍSTICAS DA CONSCIÊNCIA:

φ   é construída pela *palingenesia*;

φ   material, sensível e detectável;

φ   única e intransferível;

φ   dinâmica, expansiva e mutável;

φ   convergente com as leis universais.

ALGUNS DOS PILARES DA CONSCIÊNCIA:

φ   senso de justiça é a sensibilidade de dar a cada um a sua medida;

φ   lucidez é a clareza mental em momentos de decisão;

- φ *impessoalidade* é a *neutralidade* emocional entre pessoas e coisas;

- φ *ética* é um ato de *maturidade* de fazer o que tem que ser feito, cujo efeito de liberdade só conhece quem a possui;

- φ *discernimento* é o pai de todas as virtudes, pois ele quantifica, qualifica e determina nossas ações, no que, onde, por que, para quem e quanto.

DA CONSCIÊNCIA CÓSMICA

É a lucidez absoluta do *ogos* de sua plenitude no *universo manifesto* e no *universo imanifesto*. Cada um com sua própria arquitetura quântica e devido ao seu desempenho e consolidação já construídos.

DO CONSCIQUÂNTICO

Aprendido, construído e personalizado, o *consciquântico* é a habilidade de mergulhar na *rede neural primordial* em níveis supremos, é a capacidade que o *ogos* construiu de fazer uma química daquilo que já consolidou durante as suas práticas, no *universo manifesto e imanifesto*. O *consciquântico* é como as sete notas musicais compondo todas as melodias do *universo* com nobreza, *sabedoria* e arte. Ele é o código de acesso direto de conhecimento e *sapiência* para o *universo manifesto*. Relembrando, é o bluetooth, o código de acesso para o "google universal", a rede sem fio e direta com a *rede neural primordial*. Ela é a porta de entrada para o *universo imanifesto* e, um dia, quando acessada, será a conexão direta com o *Inventor da Vida*. Nessa fase já seremos *cocriadores* do *universo*.

DOS ESTADOS DE CONSCIÊNCIA

Os *estados de consciência* vão desde o *humanizado* até o *ogosômega*. Em todos esses estados, os Seres já estão construindo e adentrando o *universo imanifesto*, mesmo sem o saberem; mas mentalmente eles habitam o *universo manifesto*. A construção do seu *consciquântico* no *imanifesto* é lenta e progressiva. Vão mergulhando no *imanifesto*, como uma *criança* que um dia, mais cedo ou mais tarde, chegará à *maturidade*, sem perceber.

DOS PORTAIS

São passagens invisíveis em dimensões e escalas diferentes. O Ser pode mergulhar de forma consciente nos *portais*, e dentro desses ambientes aprofundar cada vez mais o seu *estado de consciência*. Ao adentrar os *portais*, o Ser pode permanecer consciente e ao mesmo tempo conectar-se com seu *universo* interno, que é infinito e de contínua *aprendizagem* e realização.

Nesse *universo* interno não existe nenhum paraíso, mas sim conexão e construção perpétua e infinita de si mesmo. O que muda são os motivos e a motivação de buscar a plenitude. É trabalho prazeroso, orgasmático e não mais *sofrimento*, preguiça, má vontade, descompromisso. Não há mais *ignorância, carência* ou maldade.

DOS 12 SENTIDOS DO SER

Aqui, tentaremos resumir, materializar, o pouco que sabemos sobre os 12 sentidos do ser, tentando formatar uma ideia mais próxima da nossa realidade.

Os seres possuem 12 sentidos, de acordo com sua *evolução* e *elevação* irão desenvolver-se, ampliar-se e aprimorar-se.

SÃO ELES:

5 sentidos: tato, paladar, olfato, audição e visão.

6º sentido: *sensitividade* — esse sentido caracteriza-se pela soma dos *5 sentidos* que amplia a capacidade do Ser de penetrar o visível e o invisível. Ele capta as vibrações da matéria desde o infravermelho até o ultravioleta e outras, além dos *5 sentidos*. As capacidades sensitivas, como a telepatia, a telecinesia, a ultravidência, a ultra-audição, a ultraolfativa etc., são características do desenvolvimento desse sentido. A *elevação* e a *sensitividade* não necessariamente caminham juntas, pois a *sensitividade* pode desenvolver-se nos *humanoides*, já que no reino animal essa capacidade é *natural*. No entanto, os próximos sentidos exigem habilidades desenvolvidas pela *força de vontade* e do *querer*, ou seja, por meio do *autoconhecimento*. A Heulosofia oferece as ferramentas que estão nos *5 estágios do autoconhecimento*.

7º sentido: *lógica* — é o fator determinante que separa o *humano* do *humanizado*. Ela é a ferramenta do *autoconhecimento* que projeta o Ser da razão para a *consciência* de si mesmo e do *universo*. A *lógica* conduz o Ser aos sentidos superiores, aguça os inferiores e resplandece em luz o *ogos* em direção à sua *coordenada cósmica*. Ela busca a diferença entre os iguais, enquanto a razão busca a semelhança entre as diferenças. A *lógica* é o sentido que nos leva a concluir tudo o que a razão ainda desconhece.

8º sentido: *lógica percepcional* — é o sentido que une o conhecimento e a virtude. Ele nos conduz à conclusão além da razão e da *lógica* e traduz um estado de *consciência cósmica*. Ele nos permite mergulhar na *lógica* e expandi-la exponencialmente. O que é bom para o todo é sempre bom para mim, pois o Ser não consegue mais viver somente para si. Sua interpretação da vida é sempre universalista. É um educador e saneador, 24 horas por dia. A prática da *maiêutica* é a expressão da *lógica percepcional*, pois busca materializar o que está oculto.

9º sentido: *percepção* — é o sentido que implica um *estado de consciência* desenvolvido. Ele permite ao Ser presenciar o passado, o presente e o futuro num só instante, de forma *natural* e espontânea. O fato simplesmente é ou acontece sem a necessidade da *reflexão* e da *lógica*. É o sentido que permite tomar *consciência* do seu *universo de soluções* (*consciência)* e do seu *consciquântico,* permanentemente. A maestria na prática da *maiêutica* é a consolidação desse sentido, pois integra o passado, o presente e o futuro num só momento, tão imediato como um relâmpago iluminado.

10º sentido: *percepção simétrica* — é o sentido que dimensiona, quantifica e metrifica o *tempo*, o *espaço* e todas as coisas que neles existam. Quem o possui desenvolvido sabe exatamente os efeitos de seus *pensamentos*, de suas ideias e de suas palavras. Para cada necessidade e situação sabe dimensionar cada movimento seu, nos seus mínimos detalhes. Jamais ofende quem quer que seja, não guarda rancor, sentimentos de tristeza, *dor* ou *sofrimento*. Ele é recíproco com todas as criaturas. É um aprendiz do *imanifesto* e conhece a mente e o *comportamento humano de A a Z*. Faz medições espontâneas em todos os sentidos, sem qualquer tipo de instrumentação ou cálculo de qualquer natureza.

11º sentido: *autociência* — é o sentido que possui a *percepção* plena de todas as coisas, integrando o micro e o macro, e, por si só, descobre os mistérios da *natureza* e do *universo*. O Ser começa a deslumbrar a conexão entre as diversas dimensões do *universo*, suas ações e reações. Só quem possui esse sentido compreende esses movimentos. É um autoparir-se o tempo todo. É um tomar *consciência* permanente. É a plenitude do poder de tomar decisões e a *autogestão integrada*.

12º sentido: *imanescência* — é o sentido que permite simbolizar, traduzir, representar, interpretar, simplificar, metaforizar os *universos manifesto* e *imanifesto*, por meio da *percepção*, ou seja, do *consciquântico* para os outros *estados de consciências*. Esse ser, por si só, é um *universo* de conhecimento e virtude. São raros os que estiveram entre nós.

DAS 5 LEIS DA EVOLUÇÃO DOS SERES

LEI DE CAUSA E EFEITO

Tudo no *universo* conhecido é duo. A reação é exatamente proporcional à ação.

LEI DA IMPREVISIBILIDADE

Ela é o acelerador do nosso *crescimento*, é o fermento do nosso bolo! Não existe *destino* pronto ou arranjado. Não somos clones ou robôs, somos seres criados para *agir* por conta própria e construir nosso próprio *destino*. Para evoluirmos na escala universal e desenvolvermos nossa capacidade de ação existe a *lei da imprevisibilidade*, que altera as nossas decisões, ininterruptamente. Quanto mais *imprevisibilidade*, maior terá que ser a nossa *adaptabilidade*, *criatividade*, *aprendizagem*, portanto maior será a nossa *evolução*. Caso contrário, isto é, sem *adaptabilidade*, mais condicionamento, limitação, mediocridade, e a lei da seleção natural, que é universal, cumprirá seu papel, separando o joio do trigo.

Não existe determinismo, tampouco o acaso. O primeiro, porque não somos bonecos de cera a cumprir as vontades do *Inventor da Vida*, já que ele não é humano e não tem vontades. O segundo, porque se considera acaso aquilo que veio do nada. O nada não existe, pois tudo tem começo, meio e fim. O acaso e o imprevisível são diferentes. O imprevisível entende-se como aquilo que não teve razão de acontecer, e embora não tenha sido provocado, teve sempre um princípio, mesmo que inesperado.

Chama-se de *lei da imprevisibilidade* tudo aquilo que provoca movimento sem uma causa previamente determinada, ou seja, planejada, e que nos leva ao *atrito*, quebra a *zona de conforto* do Ser, estimula os 3 Princípios da Propulsão da Humanização: a *iniciativa própria*, o *senso crítico* e a *criatividade*. Queiramos ou não ela ocorre, inesperadamente e, mais cedo ou mais tarde, teremos que entender e aceitar seu importante papel de nos impulsionar ao *crescimento* e a *autoiluminação*.

LEI DA ADAPTABILIDADE

É aquela que surge nas adversidades dos movimentos da vida, e, claro, na *natureza*. Por meio da *lei da adaptabilidade* pode-se evoluir mais rapidamente. Na *adaptabilidade* se descobre e se identifica o novo e o ilimitado em nós mesmos.

A *adaptabilidade* desenvolve em nós a arte de *observar, refletir, tomar atitude, agir* e *saber esperar*. E, ainda, a *iniciativa própria*, o *senso crítico* e, finalmente, a *criatividade*. Como somatória desenvolvemos a arte de viver e de conviver, o que nos possibilita alcançar voos mais altos. A antítese da *lei da adaptabilidade* é a hipocrisia que desenvolve o cinismo e a anarquia. Na hipocrisia está contido o *bloqueio* que nos conduz ao egoísmo sem limites, a ter interesses pessoais acima de tudo e, por ser contrária à lei da *evolução* e *elevação*. Com a hipocrisia, é como se comprássemos artigos de péssima qualidade e na fatura viesse a *angústia*, o *medo* e por fim a *depressão*. A *lei da imprevisibilidade* é uma bênção em nossas vidas e não uma desgraça. A *adaptabilidade* é uma obrigação para evoluirmos e elevarmo-nos, sem *sofrimento*. Quando a entendermos e superarmos os obstáculos, sentir-nos-emos mais fortes. Acabaremos com a preguiça e destruiremos a *zona de conforto*.

A *lei da adaptabilidade* estimula ainda o desenvolvimento da *reciprocidade* integral e universal. Seus estágios infinitos servem de base para a *evolução* e a *elevação* em todo lugar do *universo*.

Adaptar-se significa compreender o imprevisível e o inevitável, de que falaremos a seguir, crescer e criar novos movimentos em nossas vidas. Ela traz a possibilidade de inovação e *reinvenção*.

Essas 3 leis (*causa e efeito, imprevisibilidade* e *adaptabilidade*) farão nascer em nós a compreensão da *lei da inevitabilidade*, apresentada a seguir.

LEI DA INEVITABILIDADE

Quantos acidentes de guerra existiram e ainda existem, e se perde um membro do corpo ou um ente querido da família. Ou, ainda, o planeta Terra vai desaparecer um dia; o globo terrestre vai mudar de cenário; a morte e a palingênese. Isso tudo é inevitável, pois vai acontecer, mais cedo ou mais tarde, nessa presente palingênese, nas passadas ou nas futuras, queiramos ou não.

É aquela que rege os acontecimentos que não pudemos, podemos ou poderemos evitar. Ela não existe como predestinação ou castigo, mas sim por uma simples fatalidade, ou ainda como parte da *natureza* universal. O Ser estava fazendo a coisa certa, de maneira certa, na hora certa, mas no lugar errado, ou, ainda, no lugar certo, mas na hora ou com as pessoas erradas.

Nós teremos que *aprender* essas 4 leis no caminho da *evolução*, queiramos ou não, com vontade ou sem vontade. Podemos escolher ser conscientes ou não, de forma mais rápida ou lenta, cabe a nós decidirmos. Somos eternos e, observando e aprendendo com as *leis da ação e reação, imprevisibilidade, adaptabilidade e da inevitabilidade,* seremos mais conscientes, ativos, responsáveis e comprometidos, mas, acima de tudo, mais, muito mais cuidadosos nas atitudes, nas ações, nos *pensamentos*. A velhice é inevitável, teremos que nos adaptar a ela ou seremos velhos inconformados, e isso não nos levará a lugar algum, a não ser ao desespero.

LEI DA AGLUTINAÇÃO E DA APRENDIZAGEM

Ninguém permanece estável e estático, porque, a cada milésimo de segundo, estamos agregando dados. Dados compreendem: as informações, os conhecimentos, as emoções, as vibrações, enfim, tudo o que pode ser captado pelos 5 e demais sentidos, contidos dentro da faixa de vibração e sintonia de cada um.

Essa lei garante *o crescimento e a expansão* contínua do Ser; ou ele cresce e expande ou se condiciona de forma improdutiva, acumulando resíduos mentais. Quando nos negamos a *aprender* e a expandir, condensamos dados de forma improdutiva. E, com isso, nossa mente fica como um HD desordenado, fragmentado e saturado.

A nossa capacidade de *aprender* as coisas ocorre na medida em que somos capazes de absorvê-las, de acordo com o nosso grau de *evolução* e *elevação*. Aquilo que não somos capazes de absorver no momento, mas está dentro da faixa do nosso interesse ou necessidade, e estamos quase prontos para compreender, permanece orbitando na nossa atmosfera mental, no momento certo, temos um insight ou uma conexão diferenciada. Quando então, esse dado se integra na nossa mente e entra em ação. Não existe milagre caindo do céu, é pura ciência heulosófica. Não existe retrocesso, podemos estacionar, acumular recursos inconscientes, mas, uma hora ou outra, implodiremos e teremos que nos adaptar a uma nova situação, queiramos ou não.

A *evolução* é tão lenta e imperceptível como o nascer e o morrer do dia, somente é percebido com muita observação e *reflexão*.

A *lei da aglutinação e da aprendizagem* ocorre até quando estamos dormindo. São 24 horas por dia, agregando dados ou resíduos mentais do mundo visível ou invisível, que cedo ou tarde irão se associar aos nossos *elos condicionantes, determinantes* ou *flutuantes*, mesmo sem termos *consciência*. "Quem tem põe, quem não tem tira." É a força evolutiva agindo em nós, o tempo todo. É a osmose do *crescimento e expansão* do ser.

DO EQUILÍBRIO DOS 5 AMBIENTES DA VIDA

O *Ser humanizado* deve buscar o *equilíbrio entre os 5 ambientes de sua vida*: o pessoal, o familiar, o social, o profissional e o comunitário. A harmonia desses setores não está na quantidade de tempo dedicado a cada um, mas sim no grau de *compromisso* e qualidade com que ele os administra. Ele deverá equilibrar, mais cedo ou mais tarde, as diferenças existentes entre esses setores.

DAS FORMAS DE ENTENDIMENTO DA VIDA

De acordo com nosso estágio evolutivo e *estado de consciência,* o *ogos* pode compreender o mesmo momento basicamente de quatro maneiras:

EXOTÉRICA

O Ser compreende as formas somente pelos 5 sentidos, de maneira superficial. Quando ainda simples, ignorante, apenas vê as aparências, o que é mais externo, compreende as situações de forma limitada, cartesiana, pela razão e preso ao *tempo e espaço* e as formas aparentes.

ESOTÉRICA

Ao adquirir mais conhecimento e virtude, por meio das experiências ao longo de muitas reencarnações, o Ser começa a perceber além, um propósito sapiente em tudo que existe. Entende as conexões, percepciona o que os *5 sentidos* não podem ver nem compreender. É a compreensão do que está oculto, é enxergar a sombra do invisível pela *observação, reflexão e o mirar-se.*

MESOTÉRICA

Nesta forma, o Ser tem a capacidade de conectar o visível com o invisível no *tempo* e no *espaço*, em harmonia absoluta. Ele conhece, compreende as diversas dimensões da vida, suas relações, sabe discerni-las com precisão. É um educador *natural*, pois compreende as circunstâncias da vida naquele momento e suas influências nos seres *humanos*.

INSOTÉRICA

É quando o Ser, por meio do "*educar-se*, educando com *autoconhecimento*", ao longo de infinitas reencarnações, adquire a *sapiência* e acessa o seu *consciquântico*. Desenvolvendo o 7º sentido — a *lógica* — e os outros acima deste, progressivamente, reunindo os outros significados da vida em um só momento, ele se integra ao passado, ao presente e ao futuro. Ele aprende o alfabeto do *universo*, isto é, sabe ler, escrever e interpretar o livro da eternidade.

DAS FASES DA HUMANIDADE
ATÉ CHEGAR AO SER HUMANIZADO

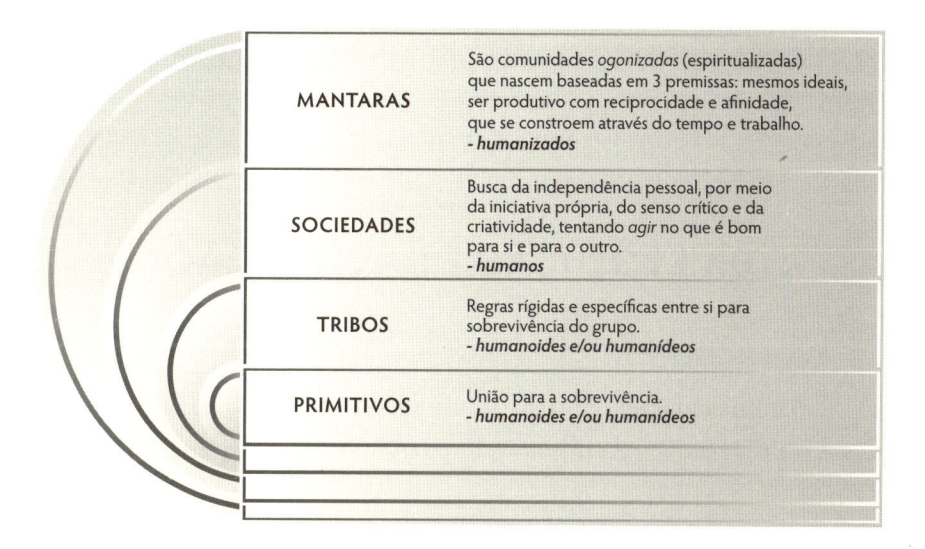

MANTARAS	São comunidades *ogonizadas* (espiritualizadas) que nascem baseadas em 3 premissas: mesmos ideais, ser produtivo com reciprocidade e afinidade, que se constroem através do tempo e trabalho. *- humanizados*
SOCIEDADES	Busca da independência pessoal, por meio da iniciativa própria, do senso crítico e da criatividade, tentando *agir* no que é bom para si e para o outro. *- humanos*
TRIBOS	Regras rígidas e específicas entre si para sobrevivência do grupo. *- humanoides e/ou humanídeos*
PRIMITIVOS	União para a sobrevivência. *- humanoides e/ou humanídeos*

Figura 4

DAS MANTARAS

Nas *mantaras* se convive por afinidade, respeito individual e coletivo. Pratica-se a ação para o *bem* do todo, pois já se conquistou a *reciprocidade*. O *discernimento* dos participantes das *mantaras*, de forma *natural*, constituirá as normas de convivência, sem a necessidade de leis, repressões e desigualdades.

A arquitetura refletirá os ideais dessas sociedades comunitárias. Será uma *reinvenção* da antiga Atlântida que servirá de referência no futuro. Época em que os remanescentes da Atlântida reencarnarão em várias partes do mundo para retomar aquela arte de bem viver. Muitos que viveram lá, já estão de volta para recomeçar e retomar as formas arquitetônicas com arte e vida na presente civilização.

DA EVOLUÇÃO E DA ELEVAÇÃO

EVOLUÇÃO

É conquistada por meio do domínio do conhecimento, das ciências, das leis universais, pela observação e *reflexão*.

ELEVAÇÃO

É conquistada através da consolidação das virtudes eternas, cujo "cimento" da construção interna é a *reciprocidade* pela Vida e por tudo que nela existe. É o "fazer" porque não sabe "não fazer". A espontaneidade e a *naturalidade* com *discernimento* e justiça transformam o Ser numa "cachoeira" do *Inventor da Vida* que deságua o seu infinito *amor*.

DO TEMPO E DO ESPAÇO

O *tempo* e o *espaço* são o ponto de partida para nortear a nossa mente, que ainda precisa de referência e equilíbrio biológico. Cada estágio evolutivo na *natureza* necessita de lugar e *tempo* para se adaptar e continuar evoluindo. Quando se falar da natureza intrínseca do *tempo* e do *espaço*, a relatividade desaparece, pois sem a referência básica do que se está falando, o *tempo* e o *espaço* como modelo de referência simplesmente deixarão de existir. De qual *espaço* e *tempo* estamos falando? Do *universo manifesto*, onde tudo é matéria, em quais dimensões estamos tratando e ou vivendo? A referência é o ponto de partida para falarmos de *tempo e espaço*. Atravessar, penetrar de uma dimensão a outra é pura questão de tecnologia, mas, quando se trata da essência do *tempo e espaço*, a visão é outra. Na medida da *evolução* e *elevação* podemos mergulhar e fazer de 1 segundo, uma eternidade e, de uma eternidade apenas 1 segundo. Mais além, a eternidade e 1 segundo, tornam-se uma só coisa. O ponto zero. No ponto zero, início de tudo, não existe peso, tampouco medida; nem começo, nem fim; tampouco distância; pois o *universo* que sempre existiu e existirá na eternidade, torna-se parte integrante dos *Ogos*. Resultando em, nas palavras e sentido de hoje, uma gota no oceano da *consciência* daquele ser que descobriu que ele é maior do que o próprio *universo*, já que este último foi feito para aquele e não o contrário. O útero da mãe só existe pela existência do bebê, que um dia nascerá e crescendo será maior do que o útero. Portanto, o que é o *tempo* e o *espaço*? Respondo: modelo virtual que ainda precisamos no parto, na adolescência, na juventude e na *maturidade* da nossa jornada, que na morte final (2ª morte), tudo isso deixará de existir.[1]

---

1   A 2ª morte acontece quando o ogos atinge a elevação e a evolução máxima no universo manifesto, ou seja, material em todas as suas dimensões, ele volta a ser apenas uma partícula sábia e conhecedora de todos os mistérios. Ele, então, habita o universo imanifesto, onde a relação de existência com o Inventor da Vida é outra.

DA PAUSA E DO MOVIMENTO

Na *natureza* tudo se orienta por uma ordem, uma cadência, formada por ciclos e períodos, por exemplo: o dia e a noite; a morte e a vida; as estações do ano etc. Os seres também necessitam de dois momentos para evoluir e elevar-se: o *da pausa e o do movimento*. O equilíbrio do Ser na vida é sempre estruturado *pela pausa e pelo movimento*, sem os quais haverá esgotamento físico, emocional, mental e, consequentemente, ogoico ou do *ogos*. Na prática do *autoconhecimento*, um dos grandes fatores que faz a diferença na *administração* da vida é identificar os momentos *de pausa e de movimento*, sempre se adaptando a eles em harmonia com a *lei da adaptabilidade*. Tudo nasce, cresce e morre. Só o teimoso não consegue se encaixar ou identificar o princípio *da pausa e do movimento*, cuja força da vida sempre acaba vencendo. Não existe herói que supere essa harmonia da vida.

DO CRESCIMENTO E DA EXPANSÃO

Quando o ser humano está em baixa, isto é, numa fase de perdas financeiras e/ou emocionais, ele tem a oportunidade de expandir, desenvolver virtudes, habilidades internas, *maturidade* e ampliar sua compreensão e *administração* da Vida (*autogestão integrada*), exercitando as suas virtudes por meio das *leis da imprevisibilidade*, da *adaptabilidade*, da *inevitabilidade*, da *aglutinação e da aprendizagem,* numa nova faixa de conexão superior.

Quando ele está em alta, isto é, numa fase de ganhos materiais e/ou estabilidade emocional, ele cresce, quer dizer, pode buscar novos conhecimentos, *aprender* novas aptidões, ampliar seus contatos sociais, edificar mais, realizar mais, muito mais...

Resumindo: quando está em baixa, o ser humano pode expandir e quando está em alta, pode crescer.

O crescer é para fora, *evolução*, conhecimento e edificação. O expandir é para dentro (interior), *elevação*, virtudes, *consciência (universo de soluções)* e o seu *consciquântico*, integração consigo mesmo. Em resumo: desenvolver a *reciprocidade*.

DOS SERES NATURAIS E DOS SERES DESVIADOS

SERES NATURAIS

São aqueles que agem de acordo com suas boas *intenções* em harmonia com a *natureza*, felizmente, a grande maioria.

SERES DESVIADOS

São aqueles que somente agem de acordo com seus interesses e sempre para levar vantagens, mesmo sendo contrários à *natureza*. Eles são uma pequena parte.

Não estamos falando daqueles seres que erram por força das circunstâncias ou por *ignorância* das leis. Na *evolução* humana errar faz parte do contexto da vida, pois o *universo* não grava as ações, e sim as *intenções*. Erramos na maioria das vezes condicionados pelas crenças, religiões, repressões, castigos. Formamos dentro da nossa mente conceitos de certo e errado, de céu e inferno, de *bem e mal*. No entanto, vale o aprendizado resultado das experiências, a nos conduzir para a *sabedoria* e *autorrealização*. Quem cria o céu e o inferno são os *condicionamentos* consolidados, através dos séculos, pelas instituições que dominam e manipulam a grande massa, ao ditar regras, por comodismo e *omissão*. O ser omisso cria uma *zona de conforto*, uma falsa ideia de que tudo está certo ou tudo está errado.

Assim, como não existe vida, tampouco morte, não existe certo ou errado, mas apenas o *tao* de cada um. Mesmo para os seres perversos ou dominadores, um dia a casa cairá, e eles terão que voltar para o caminho *natural*. Não existe ninguém eternamente *mau*, mas sim temporariamente desviado do caminho emergente.

DA NATUREZA E DO NATURAL

NATUREZA

Se não existissem professores, mestres ou mesmo os avatares, ainda assim teríamos na *natureza* o meio adequado e perfeito para despertar em "nós" os mistérios do *universo* e a infinita grandeza do *Inventor da Vida*.

NATURAL

"É tudo aquilo que está de acordo com as leis da *natureza*, que são eternas."[2]

---

2   Mestre Gôh, personagem do livro *Autoconhecimento: o tesouro desconhecido, de Paulo Zabeu.*

DOS 3 PILARES DA BOA CONVIVÊNCIA

COMPROMISSO

Quando assumir algo, faça-o, aconteça o que acontecer.
Na prática heulosófica: o *compromisso* é consigo mesmo.

φ   Se você não pode se comprometer, fale.

φ   Se você se comprometer, faça.

φ   Na dúvida, espere.

φ   Ocorreu um imprevisto, avise imediatamente.

Exemplo encontrado na *natureza*: escaravelho.

DISCIPLINA

Ter começo, meio e fim.
Na prática heulosófica: ter *continuidade* sempre. Nada está pronto, tudo está sempre por começar.
Exemplo encontrado na *natureza*: abelha e formiga.

FLEXIBILIDADE

Saber avançar e recuar é a manifestação do *senso crítico*. Na prática heulosófica, é compreender os outros como pessoas que estão em *evolução* e *aprendizagem*. Na Heulosofia, sabemos que todos nós temos dificuldades e buscamos o *autoconhecimento*. Vamos trabalhar com o outro como ele é, sem nos acomodarmos nos seus erros.
Exemplo encontrado na *natureza*: bambu.

DA SINCRONICIDADE

A *sincronicidade* é uma rede de conexões de interesses múltiplos e invisíveis que se encadeiam no *éter* entre as pessoas e a *natureza*. Por exemplo, os *ogos* que reencarnam ou encarnam e inconscientemente realizam papéis e missões de grande alcance ou benefícios para a humanidade. A *sincronicidade* existe em todos os níveis e dimensões.

DA COINCIDÊNCIA

É uma das expressões da *lei da imprevisibilidade*, sem a determinação sincronizada, acontece sem justa causa, mas os efeitos podem ser *determinantes* e mudar a nossa vida.

DO EXPERIENCIAR

É o conhecimento adquirido por meio da prática contínua, que consolida nossa maneira de administrar a vida. Ele é o oposto da teorização. Enquanto quem experiencia constrói seu próprio *destino* na ação, o outro constrói seu *destino* nas teorias. Este último terá que provar que sabe, o que é muito difícil. O primeiro é real, já o segundo vai demorar muito mais para chegar no final da linha.

DO DESTINO

O *destino* nunca é determinado e exato, pois não somos marionetes do *Inventor da Vida* ou de quem quer que seja. É uma ocorrência encadeada pelos fatos da vida, de duas formas:

1. Na crença no determinismo, portanto, o Ser nada mais tem a fazer. Com isso, ele deixa nas mãos do *destino*, tudo está traçado, para a Heulosofia, isso é pura *omissão*, comodismo, preguiça e *ignorância*, condicionamento religioso ou social.

2. A partir do momento que toma conhecimento e conscientiza-se de que a vida lhe pertence, cabe a ele mesmo administrar seus atos e decisões, desenvolver o *livre-arbítrio* e *aprender* a assumir os resultados de suas próprias decisões, a sua *força interna* desabrochará. A *força interna* é todo conhecimento e virtude já adquiridos em sua *historiografia*. Essa é a forma adotada pelos heulósofos, praticantes do *autoconhecimento*.

DA ERA DA HUMANIZAÇÃO

É a união da informação com o conhecimento, utilizada de forma humanizada. A *era da humanização* caracteriza-se pela mudança de postura e de comportamento do ser humano. Nesta era, o mais importante é se conhecer. É buscar-se e encontrar-se; é expandir-se, mergulhar em si mesmo; enfim, é descobrir-se, saber usar tudo o que conquistou para o *bem* do todo. Essa era conduzir-nos-á à era da *sabedoria*.

DA ADORAÇÃO

Quanto mais o ser humano "adorar", mais ele distanciar-se-á de si mesmo, tornando-se dependente, jamais será livre para tomar por si mesmo as decisões de sua vida, permanece na *zona de conforto*.

Nossos professores foram as experiências adquiridas nos reinos inferiores com as quais chegamos até aqui. Nossa bagagem está cheia. Agora é hora de *praticar* o que aprendemos, ou seja, não ter *medo* de errar, *ousar*, não se intimidar, criar, desenvolver o *senso crítico*, recuar sempre que necessário, assumir nossos erros e acertos. Podemos avaliar o nível de *inteligência* e *maturidade*, de quem quer que seja, pela sua independência e capacidade de tomar decisões.

O *Inventor da Vida* já nos deu o suficiente, a vida. Ela é um presente para a eternidade. As *leis do universo* não dão nada para ninguém, não negociam, não trocam. Precisamos desenvolver a razão, a *lógica* e a *ética*.

Para chegar ao comando de si mesmo e caminhar pelas estradas do *universo*, não se pode ter intermediários, mestres, gurus etc.

DO MAL E DO BEM

Não existe o *mal e o bem*, mas sim a *ignorância* dos fatos e a *sabedoria* da vida, isto é, a compreensão da conexão do micro com o macro.

DO MAL

O *mal* não existe, pois não é permanente, o que existe é a ausência do saber.

DO BEM

Assim como as leis do *universo* não são boas ou ruins, mas neutras, o *bem* nada mais é do que a conquista de si mesmo e da *impessoalidade*. É descobrir o certo e o errado e fazer o que tem que ser feito, o tempo todo.

Aquilo que denominamos "*bem*" nada mais é do que uma vocação *natural* de cada um no *universo*.

DO PODER DOS MILAGRES

Jamais acredite em milagres! Nada no *universo* acontece com passe de mágica, nao existe epifania. A única coisa que ganhamos sem trabalhar foi a vida eterna. Sem trabalho duro, tudo ruirá mais cedo ou mais tarde. Não vamos esquecer que nesta vida tudo acaba. Tudo o que levaremos conosco para as vidas futuras é o trabalho duro e permanente, como um celeiro de luz e *sabedoria*. Esse é o alimento eterno! Milagre só a vida. Lembre-se sempre disso!

DO PROPÓSITO EXISTENCIAL

A finalidade da vida para o *ogos* é a busca incessante pelo *Inventor da Vida* na eternidade, *aprender*, desenvolver-se e descobrir os *universos manifesto* e *imanifesto*. Se não o faz é por pura *ignorância* de si mesmo.

DA LIVRE VONTADE E DO LIVRE-ARBÍTRIO

LIVRE VONTADE
É o direito de escolher sem conhecimento de *causa e efeito,* ou seja, *agir* com desconhecimento dos resultados de suas ações.

LIVRE-ARBÍTRIO
É quando, consciente das opções, o Ser conhece as causas e os efeitos de suas decisões, pois pressente o passado, o presente e o futuro e assume as consequências de suas ações. É a decisão por opção consciente, aprendida, refletida e *lógica*.

DO TAO

Tao, segundo a Heulosofia, é o tempo de cada um, para fazer, para entender, para acontecer, para avançar ou recuar, e, assim, entrar no seu equilíbrio interno. O *tao* de cada um é o resultado da necessidade individual de movimento, de *expansão* e retração, tal como ocorre no *universo*, são os manvantaras. Movimentos esses que, se não tiverem como causa a preguiça, a má vontade, a covardia, a *omissão* e a *impulsividade*, devem ser respeitados. É o tempo de cada um para reajuste, recomposição, redimensionamento de posturas de vida, e tem como finalidade levá-lo ao caminho do meio, ou seja, o equilíbrio.

DA COORDENADA CÓSMICA

A *coordenada cósmica* é o ponto do encontro entre o "ser" e o "estar" conquistado pela prática contínua do *autoconhecimento*. Esse encontro elimina o *eco da consciência* e o *vazio* existente entre a mente e o *consciquântico*.

É a quantidade o grau de *elevação* e *evolução* já consolidada pelo *ogos*, desde sua criação até o momento atual. Quando o *ogos* consegue encontrar e vivenciar a sua *coordenada cósmica*, ele já pode desfrutar da sua *autorrealização*, em qualquer *tempo e espaço*, seja onde for. Isso pode ser considerado a felicidade aqui na Terra. É um sentimento de dever cumprido, uma *percepção* de si e do todo. Como se fosse um rei sentado no seu trono, cujos súditos seriam seus *pensamentos* e suas emoções, que estando sob *poder de decisão*, conquista o *comando da mente, o controle das emoções* e a *assertividade nas ações*.

Quando estamos em nossa *coordenada cósmica* encontramos o equilíbrio entre o conhecimento e a virtude, então, dentro do nosso *tao*, vamos tomar decisões e ter atitudes com *sabedoria*. Ilustrado na Figura 5.

COORDENADA CÓSMICA

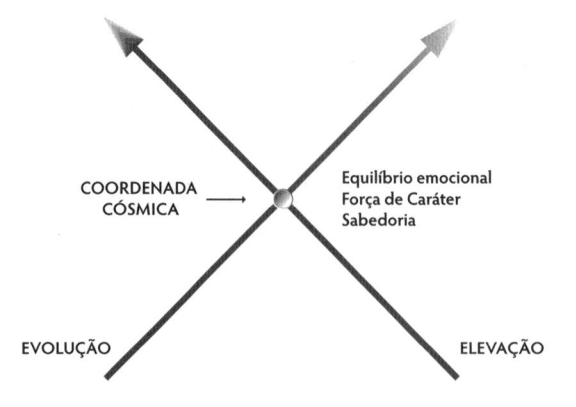

Figura 5

Ninguém pode corromper sua *coordenada cósmica*. *Querer* não é poder, só vontade não é construir. Acreditar que apenas pelo *querer*, sem trabalho, transformação, construção e tempo é possível realizar algo com solidez, leva-nos à *frustração*: "não fiz nada e pensei que podia tudo".

A medida para a autoavaliação sobre a sua *coordenada cósmica* é o quanto está livre dos *5 elementos do fator inútil*.

Quando existe um desequilíbrio entre o grau de *evolução* e o grau de *elevação*, o Ser encontra-se fora de sua *coordenada cósmica*. Situação muito comum nos dias de hoje. Ilustrado na Figura 6.

FORA DA COORDENADA CÓSMICA

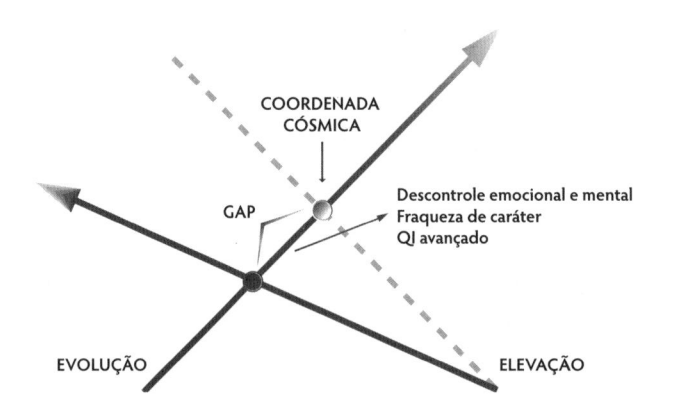

Figura 6

DA ANTROPOGENIA

É toda a nossa história *ogoica*, desde o berço do *Inventor da Vida* até o dia de hoje. São os fatos e as experiências vividas pelo ser que já passou pelos reinos mineral, vegetal e animal, e ainda tem forte influência do reino animal superior, e que resulta no Ser que hoje sou. Todas as nossas tendências emocionais consolidadas expressam, de forma omissa, impulsiva ou espontânea, a nossa *antropogenia*.

DA HISTORIOGRAFIA

É o registro de toda a nossa *antropogenia* que está gravada em nosso cerebelo, no corpo bioplasmático. É a nossa digital mental que serve de roteiro para os passos seguintes, tais como tomadas de decisão, perdas e reações emocionais, ou seja, é a nossa história escrita por nós mesmos. É o nosso *destino* digitado pelas nossas ações e reações.

DA PROGÊNESE

São as expertises já conquistadas por nós em vidas passadas, manifestadas na presente vida, determinando nossos talentos, alguns chamam de dons, e podem definir os nossos caminhos no presente e no futuro. São as habilidades marcantes que nos projetam na sociedade.

São os nossos destaques, que, às vezes ocultos, aparecem em momentos oportunos de forma inesperada. É a raiz do que "estamos". Pode ser o motor impulsionador ou a âncora que retarda a nossa *evolução*, quando nos apegamos às nossas expertises, e achamos que somos o melhor. Que ilusão!

DA MITOGRAFIA

Ela é formada por:

φ   imagens distorcidas pelos sentidos;

φ   *percepção* equivocada do aprendizado;

φ   figuras e imagens armazenadas no campo das ideias (mente);

φ   imagens de ídolos, santos, deuses, heróis imitativos.

Tudo isso forma as diferentes personas fantasiosas, infantis ou imaginárias, idealizadas, que constituem a esquizofrenia, as manias, os sonhos e formatam ou definem a existência dos *humanoides* e *humanos*, em desenvolvimento e/ou desviados. É o resultado dos *elos mentais* em desarmonia.

DA AUTOMITOGRAFIA

São os personagens mais marcantes, vividos em vidas passadas, com o quais o ser identifica-se, por exemplo, se foi um rei, uma rainha, um político influente, um senador. Esses personagens tornam-se prisões mentais e dificultam sua capacidade de adaptação e *aprendizagem*. A *automitografia* são os sonhos de realização desses personagens do passado, que muitas vezes, sem ter conhecimento do fato, levam o Ser ao desastre. O Ser, para tentar reviver sua *automitografia*, mesmo acima de suas forças, não vê obstáculos nem barreiras, e de forma inconsciente destrói a sua felicidade, retardando o seu futuro próspero.

DA PALINGENESIA

Palingenesia ou reencarnação é um mecanismo *natural*, universal e inevitável para os *ogos* em *evolução*. Ela consiste em nascer quantas vezes forem necessárias, como meio de recomeçar, reaprender, *consolidar* as experiências e construir o seu *universo de soluções (consciência)* e o seu *consciquântico (consciência cósmica),* para finalmente abrir as portas para o *imanifesto*.

DAS FONTES DE ENERGIAS DO SER

ENERGIA FÍSICA

Sua origem está na água, no ar e nos alimentos. Ela alimenta o corpo físico e interfere na vida mental, emocional e psíquica do Ser.

ENERGIA DA VIDA

Ela é produzida no corpo bioplasmático, na região do chakra básico, resultado da combustão entre o prana e a energia da Terra. A energia da Terra é produzida nas câmaras magmáticas, que chegam a 1.500 ºC, enquanto o prana é fruto da transformação da energia do sol. Ela é a responsável pela vitalidade de todo o sistema corpo-mente.

ENERGIA ESSENCIAL

Sua origem é no *pulsar do ogos*, ela movimenta a mente e é a expressão do *querer*, exteriorizando-se.

ENERGIA PSÍQUICA

É o resultado da movimentação das energias da vida e essencial. A sustentação e o armazenamento dos *pensamentos*, dos *elos*, das emoções, ocorrem pela *energia da vida*. A fonte do pensar está no *pulsar do ogos* ou na *energia essencial*, assim como o *querer* e a *ação transformadora* vêm diretamente do *ogos*, por meio da *energia essencial*. Na medida em que o Ser desenvolve o seu *universo de soluções (consciência)*, bem como o seu *consciquântico*, a *energia essencial* expande e potencializa a sua capacidade mental e ogoica, podendo penetrar em *portais* superiores e no *universo* aberto.

DO PENSAMENTO

É a primeira unidade produtiva do Ser. O *pensamento* forma-se fora do *ogos* e não dentro dele. O *ogos* pulsa e a emanação desse pulsar dispersa-se, e atritando com o *éter* mental condensa em forma de ondas seus interesses e imagens. É o princípio primitivo de viver (evoluir). Ele tem cheiro, cor, forma, densidade e movimento. Não é permanente, renova-se a cada segundo, dando lugar a outros. Quando condensado por fixações de diversas naturezas, torna-se ideias, conceitos, que podem transformar-se em *elos mentais (condicionamentos)*.

DOS CONDICIONAMENTOS

Condicionamentos são atitudes repetitivas ou ideias cristalizadas pelo tempo, que se manifestam de maneira irrefletida e padronizada, inibindo a *criatividade* do *homem*. Os três *elos mentais*, apresentados a seguir, são formados por *condicionamentos*.

DOS ELOS

São resultados das aglutinações de *pensamentos*, de partículas, de fragmentos vibracionais, de resíduos mentais e de conteúdos no campo mental, por meio de associações por afinidade, densidade, cor e intensidade. As aglutinações ocorrem de forma consciente e inconsciente, por estímulos visíveis e invisíveis aos *5 sentidos*. Os *elos* irrefletidos e acumulados condensam-se em correntes conectadas pela força e intensidade das emoções e dos sentimentos, formando os *condicionamentos milenares*. Os *elos* podem ser comparados com as nuvens, que se movimentam na atmosfera mental, de diversos tamanhos e densidades, assim como os stratus, os cirrus e os cumulus.

Classificamos os *elos* em três tipos: os *condicionantes*, os *determinantes* e os *flutuantes*.

DOS TIPOS DE ELOS

ELOS CONDICIONANTES

São os *elos* viciados através do tempo, causados pelas necessidades de sobrevivência, condicionados em núcleos emocionais. Tal como a ferrugem no ferro, por falta de lixa, ou pinturas sobrepostas, pela ausência do aprimoramento observativo e reflexivo, os *elos condicionantes* envelhecem, sem reestruturação e *adaptabilidade*. Esses *condicionamentos* nos fazem, a cada dia que passa, bonecos de cera sem movimentos livres. Tornamo-nos lesmas ambulantes sobre o asfalto quente.

ELOS DETERMINANTES

São os *elos* desenvolvidos pela nossa *antropogenia*, ou seja, os movimentos aprendidos desde o reino animal, gravados no nosso campo mental, determinam *o que somos* hoje. Eles formatam nossas ações e movimentos, determinam nossas tendências, preferências, afinidades, temperamentos, cultura etc. Eles podem determinar nossos movimentos da vida futura, onde, como e com quem vamos reencarnar, lei da aprendizagem e reaprendizagem.

ELOS FLUTUANTES

São hábitos adquiridos pelo Ser para adaptação da vida atual, tais como: idioma, alimentação, profissão etc. Quando o Ser não pratica a observação, o *mirar-se* e a *reflexão*, os *elos flutuantes* tornam-se *elos condicionantes* e/ou *determinantes*. Por exemplo, artistas, políticos, grandes situações ocasionais, sem a devida *reflexão*, o personagem da vida atual (elo flutuante) toma conta da mente do Ser, leva a *vaidade*, arrogância e destruição, causando *angústia*, *carência*, *depressão*, sentimento de *culpa* ou de insatisfação.

DOS ARQUÉTIPOS DO AUTOCONHECIMENTO

São representações simbólicas do estado emocional e dos *elos condicionantes*, *determinantes* e *flutuantes* em que a mente se encontra. O processo meditativo permite ao ser identificar os seus *arquétipos*, definidos por sete representações:

BLOQUEIO

O *bloqueio* é formado por *elos condicionantes*. São as sombras (*shadows*) que nos acompanham obsessivamente. São núcleos de *pensamentos* teimosos e obsessivos, que levam ao fanatismo de toda espécie.

Características das pessoas com bloqueios: são repetitivas, prolixas, não têm *continuidade* nem *compromisso*, são extremistas e geralmente seu olhar é difuso e assustado.

DISPERSÃO

A *dispersão* é a ausência de *foco*, que torna as pessoas vagas, indefinidas, com aperto de mãos frouxo e sem saber o que querem. Prestes a serem hipócritas, sem consistência, umas "Maria vai com as outras". A pessoa dispersa muda de opinião facilmente. É impulsiva, interrompe as conversas o tempo todo. Ou, ainda, é omissa, vaidosa, arrogante, mentirosa, covarde e sem *discernimento*. Ora exige destaque, ora se esconde na multidão.

BLOQUEIO MIGRATÓRIO

O *bloqueio migratório* impede a interação do Ser, levando-o à alienação. A mente migratória é culta, tem sensibilidade, mas ainda não é uma mente serena. O Ser não sai de sua *zona de conforto* e busca sempre associações na mente relacionadas ao condicionamento. Não aceita questionamento que ameace a sua *zona de conforto*. É explosivo, indiferente e calculista. Pode não se importar com a higiene ou ser extremamente rigoroso com relação a ela. Não tem memória.

VAZIO

O *vazio* é o estado em que a mente está tão cheia que colapsa. Sofreu *traumas* mais fortes do que poderia suportar nessa ou em outras vidas passadas. Neste estado o Ser é indeciso, tem pouca memória, tem dificuldade de expressar suas próprias opiniões e adora teses. Cheio de artimanhas. Vaidoso ao extremo. É fofoqueiro, gosta de uma *bisbilhotagem*. Quando vingativo apresenta boa memória.

REFLEXIVO

É conquistado pela prática constante da busca da melhor alternativa dentro do leque de opções presente em cada circunstância da vida. Essa postura leva a uma mente ordenada, elimina a *impulsividade* e a *omissão*. Sim: é sim! Não: é não! É comprometido e fala somente o necessário. Este é o caminho da serenidade e compreensão da vida.

—

PAUSA

A *pausa* é o estado conquistado pelo *autoconhecimento*. A pessoa é estável, compassiva e consegue dominar sua própria mente. É ponderada e equilibrada. Está sempre pronta a colaborar. Tem *discernimento* aguçado, boa memória.

●

VACUIDADE

É o estado em que a mente para e só o *ogos* permanece atuante. Início de uma nova vida infinita. É um ser virtuoso, aprende com a *natureza*, possui excelente *memória conectiva*. É uma agenda ambulante, disciplinado e irradia luz por onde caminha.

Para melhor compreensão dos arquétipos é apresentada a Figura 7.

ARQUÉTIPOS DO AUTOCONHECIMENTO	
● **Bloqueios**	São os nossos *condicionamentos*. As sombras que nos acompanham obsessivamente(p. ex.: pedófilos, serial killers etc.).
✳ **Dispersão**	Ausência de *foco*. É o que torna as pessoas vagas, indefinidas, com apertos de mãos frouxos, sem saberem o que querem, deixam-se levar por propagandas enganosas e milagres. Prestes a ser hipócritas, sem consistência.
✺ **Bloqueio migratório**	Impede a interação, deixando o Ser mais alienado. A mente migratória é culta, tem sensibilidade, mas ainda não é uma mente serena. O Ser não sai da sua *zona de conforto*, busca sempre associações na mente relacionadas aos *condicionamentos*. Não aceita questionamentos que ameacem a sua *zona de conforto* (p. ex.: louco, paranoico, alienado etc.).
○ **Vazio**	Estado em que a mente está tão cheia que colapsa. Sofreu *traumas* mais fortes do que poderia suportar (p. ex.: autista).
◎ **Reflexão**	Mente ordenada, que sempre reflete sem *impulsividade* ou *omissão*.
▬ **Pausa**	Pessoa estável, compassiva, que já está dominando a própria mente. É ponderada, equilibrada.
● **Vacuidade**	A mente para e só o *ogos* permanece atuante. Início de uma nova vida infinita.

Figura 7

DO EIXO INTERNO

É o condicionamento adquirido por meio de várias vidas, resultado das experiências vividas numa mesma cultura com os mesmos costumes alimentares, sociais e familiares. Quando o Ser nasce em uma sociedade cujos costumes opõem-se àqueles consolidados anteriormente, falamos que o Ser está fora do seu *eixo interno*. Isso ocorre para que o Ser reencarnado adquira novas experiências e possa expandir sua *evolução*. Pode ser que o Ser tenha dificuldade de adaptação nessa nova vida, quando então a *lei da adaptabilidade* deve prevalecer e o obriga a crescer internamente.

Atualmente, existem milhões de seres que estão fora do seu *eixo interno*. Essa falta de encaixe pode causar *angústia* e até *depressão* na proporção da falta de *adaptabilidade* do Ser. O *eixo interno* é composto pela soma dos *elos flutuantes* e *condicionantes*. Ele é a rede do passado, em que o Ser se sente como um peixe fora d'água. Exemplos: a poligamia e depois a monogamia; o politeísmo e depois o monoteísmo; a riqueza em várias vidas, para a pobreza; do *poder* do rei, para vassalo; o político persuasivo que nasce no meio dos macacos.

DO PODER E DO PRAZER

O poder e o prazer são as fontes principais de nossos estímulos externos. São esses dois fatores que impulsionam o Ser a crescer.

O chamado "*poder*", de qualquer natureza, pode levar o *homem* ao redemoinho das emoções descontroladas e, consequentemente, criar situações e ilusões que vão tirá-lo de seu ponto de equilíbrio.

O verdadeiro *poder* não é "ser" além do que você "é", ou ter mais do que você tem. O verdadeiro *poder* é ter o *controle* absoluto do seu próprio espaço, conhecendo os seus limites, construindo o seu *destino*. Observe os animais, eles querem defender o seu território. Os homens ainda querem tomar conta do território que não é seu, mas dos outros. O verdadeiro *poder* do *homem* civilizado e futurista é buscar a segurança interna, ter coragem de recomeçar sempre, *saber esperar* com serenidade e dominar suas paixões.

O *prazer* está na busca da satisfação temporal para preencher uma necessidade "carencial". Entretanto, o *prazer*, embora temporal e externo, pode ser o início da realização interna e duradoura no futuro. É um exercício para a serenidade. O *prazer* sem limites é um desastre que, mais cedo ou mais tarde, obrigar-nos-á a *educar* nossos excessos.

O que difere o *prazer* efêmero e temporal do *prazer* duradouro é a temperança, o juízo e a *consciência* de cada atitude e ação. Como começar a transformá-lo? Sendo comedido na alimentação, fazendo *amor* com quem temos afinidade e *compromisso*, tomando vinho em boas companhias e tendo amizades construtivas. São esses danados de prazeres que diferem as criaturas entre si e as fazem alavancar o mundo para a "maioridade". É a primeira semente do sucesso. O *prazer* é o começo de tudo, mas muito longe está do fim.

DA SENOIDE DA VIDA

É a representação gráfica dos equilíbrios e desequilíbrios das polaridades emocionais. Foi desenvolvida para materializar a linha de demarcação da dualidade emocional que envolve os sentidos e a mente.

Veja na Figura 8, a *senoide da vida* — coragem e *medo*, que representa as polaridades das emoções. A coragem e o *medo* nos levam a reagir de formas diferentes diante das situações da vida, a coragem a avançar ou ponderar e o *medo* a recuar ou atacar.

Agora veja na Figura 9, a *senoide da vida* — desequilíbrio emocional, representando a perda do *controle das emoções*.

Nesses movimentos excessivos e repetitivos avançamos ou recuamos demais nessas emoções e, assim, caminhamos para as polaridades máximas: saímos do equilíbrio e entramos nas zonas de advertências.

É importante dizer, também, que esses movimentos são dinâmicos, quanto mais mergulhamos em uma das polaridades, mais trabalho na hora de retornar, pois iremos para o lado oposto na mesma proporção, para compensarmos o excesso cometido. A frequência com que nos deslocamos dentro dessa senoide determina as zonas de advertência que estamos vivendo.

Nas Figuras 10 e 11 damos outro exemplo com o mesmo raciocínio, porém representando a *alegria* e a tristeza.

SENOIDE DA VIDA — CORAGEM E MEDO

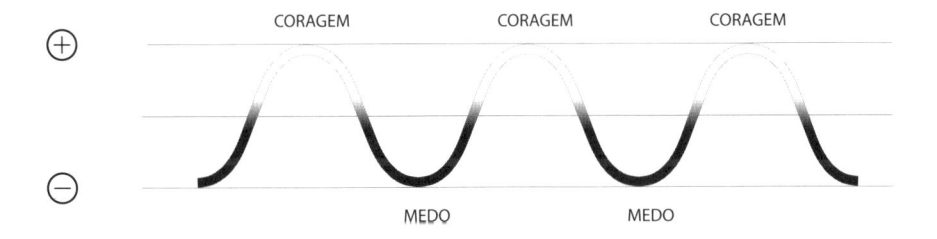

Figura 8

SENOIDE DA VIDA — DESEQUILÍBRIO EMOCIONAL

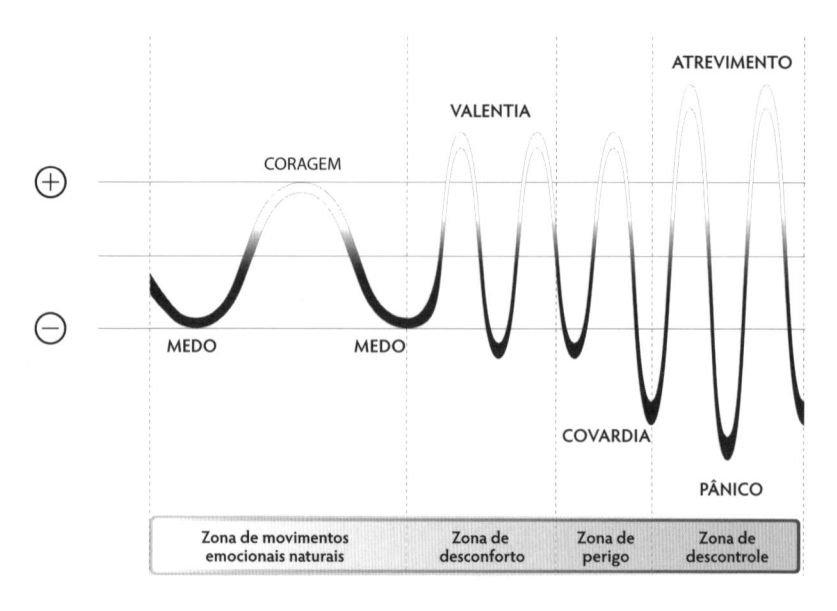

Figura 9

SENOIDE DA VIDA — ALEGRIA E TRISTEZA

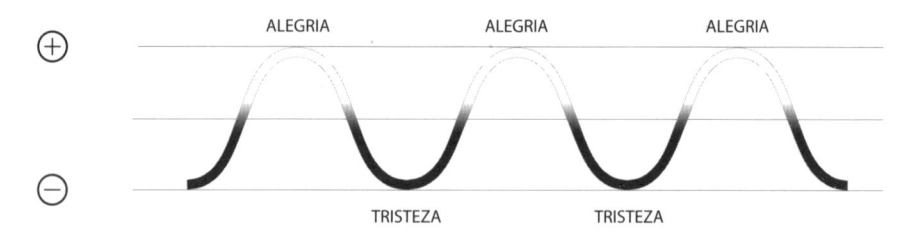

Figura 10

SENOIDE DA VIDA — DESEQUILÍBRIO EMOCIONAL

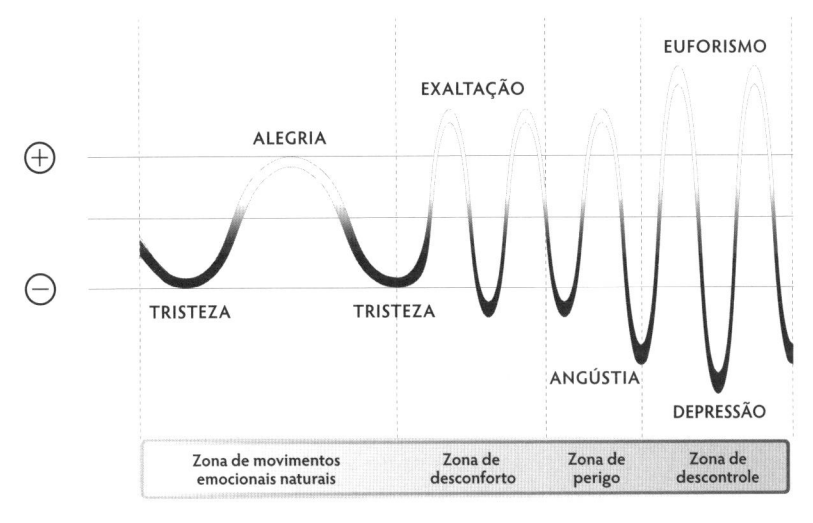

Figura 11

DO GENE MENTAL

Observações de longas décadas demonstraram que duas pessoas fisicamente parecidas possuem semelhanças psicológicas e comportamentais. Acredito que isso ocorra devido às experiências antropogênicas semelhantes em suas jornadas. Isso não quer dizer que tenham as mesmas *intenções*, que sejam almas gêmeas, mas que possuem tendências afins. Suas reações emocionais, como *impulsividade* ou *omissão*, graus de agressividade, entre outros, podem ser muito semelhantes. Podemos dizer que, por meio de um, podemos identificar o outro, na medida e proporção de suas semelhanças. Velho ditado: cara de um, focinho de outro — "por dentro e por fora".

DO MEDO

O *medo* é o cérebro da *ignorância* que impulsiona o Ser a desvendar o desconhecido e o conduz à *sapiência*. Paradoxalmente, o *medo* é um inibidor do potencial do *ogos*, que um dia, educado e transformado, tornar-se-á prudência.

O *medo* é uma *emoção*, cujas causas são: a *ignorância* do desconhecido, as repressões psicológicas ou religiosas, a *omissão* acumulada ou, ainda, a preguiça desenvolvida, provenientes da *antropogenia*, da *historiografia* e da *progênese*, em conjunto ou isoladamente.

Tem ainda o seu desenvolvimento nos *traumas*, acontecimentos ocorridos em nossa *historiografia* e *antropogenia*, acima do que podemos compreender ou suportar. São os "tsunamis" que aconteceram no decorrer de nossas vidas pregressas e na presente pela *lei da imprevisibilidade*.

O *medo* de sentir *dor*, ainda no reino primitivo, leva-nos a desenvolver a *omissão* e a *impulsividade* como forma de defesa. É aí que construímos a nossa plataforma de sobrevivência.

O *medo* tem como função *natural* preservar a vida.

DOS ANTÍDOTOS DO MEDO — CONQUISTA DA LIBERDADE

1. Não ter *medo* de perder nada nem ninguém.
2. Não ter *medo* da *dor* física, emocional ou moral.
3. Fazer o que tem que ser feito o tempo todo.

Lembre-se: um dia, em algum lugar no *universo*, teremos que *praticar* os *antídotos do medo*. Ninguém vai escapar.

DO ÓDIO

O *ódio* é a máxima expressão do *medo* na sua exata proporção.

DOS TRAUMAS

São ocorrências que estão acima do que podemos suportar e compreender. São causadas pelas leis de *ação e reação* e da *imprevisibilidade*, ou da fatalidade.

DA EMOÇÃO E DA EMOTIVAÇÃO

EMOÇÃO

É a carga de resíduos mentais que, sem *controle* ou saneamento, nos leva à *omissão* ou à *impulsividade*. É a mola propulsora que acelera o Ser primitivo para chegar na humanização.

EMOTIVAÇÃO

É a *emoção* motivada pela *reflexão*, razão e *lógica*, a serviço do nosso *crescimento*. Se manifesta de forma controlada e direcionada.

· Diferença entre uma pessoa *emocionada* e uma "*emotivada*":

Emocionada: ocorre quando a pessoa é tomada por ação incontrolada.

Emotivada: a pessoa *emotivada* se utiliza das reações emocionais para sanear, organizar, transformar e *educar*. É a energia dirigida, positivamente.

DA DOR E DO SOFRIMENTO

DOR

É resultado da sensação de perda que congela o fluxo *natural* de energia, provocando constrangimento no Ser e inibindo a sua *força interna*.

Ela é um movimento natural da vida; é um grito do *universo* nos obrigando a crescer.

SOFRIMENTO

É o *apego* pela *dor* que nos conduz à autopiedade e ao flagelo. É incrível, mas muitos de nós sentem-se seguros na *dor*, pois terão a atenção e a piedade dos outros.

Sempre podemos interromper a *dor* antes que ela se transforme em *sofrimento*.

A *dor* é inevitável, mas, o *sofrimento* é opcional.

DO UNIVERSO DE CONFLITOS E SOLUÇÕES

É o verso e anverso que compreende a soma de tudo que adquirimos até hoje, por meio de experiências positivas e negativas, inseridas e acumuladas no nosso mundo de vibrações: a mente.

DO UNIVERSO DE CONFLITOS

É a soma que compreende o acúmulo dos *pensamentos* de forma desconexa, sem *reflexão*, sem direção e o descontrole das emoções, que nos conduz ao desequilíbrio, porém, nada é perdido. Tudo é experiência que serão utilizadas, ao cair da *maturidade* e iluminadas pelas estrelas do tempo.

DO UNIVERSO DE SOLUÇÕES

É a soma que compreende *pensamentos* alinhados e saneados, bem como as emoções equilibradas e controladas, construído pelas estrelas do tempo ao cair da *maturidade*.

DO DIQUE MENTAL

São as repressões emocionais; diversos *elos mentais* associados, contidos na mente, que sem *controle*, num determinado momento inesperado, deságuam em forma de atitudes impulsivas, irritabilidade descontrolada, crises nervosas, ataques de histerismo, ataque de pânico, entre outros. É o rompimento da barragem, inundando nossas ações dia e noite.

DO IMPÉRIO DA MENTE

Quando não observamos e não refletimos, as redes de conexões da nossa mente ficam danificadas, entupidas, com falha na transmissão. Quando isso acontece, todas as informações, sem seleção, acumuladas em nosso *universo de conflitos*, começam a interferir no resultado das nossas ações. Quando nossos arquivos mentais estão desorganizados, deixamos de ser práticos, assertivos e produtivos, e começamos a mergulhar apenas em nosso *universo de conflitos* e viramos seres prolixos, confusos e insatisfeitos.

É aí que começa o *império da mente*, conquista principal do nosso *universo de conflitos*. Nosso *controle* sobre nós mesmos fica à deriva, como um barco à força do vento e perdido na tempestade, tornar-se-á um furacão de desespero.

DA LETARGIA POR EXCESSO DE INFORMAÇÃO DESNECESSÁRIA (LEID)

Letargia por excesso de informação desnecessária é a lentidão compulsória causada pela explosão do sistema de transmissão mental do nosso cérebro para o nosso sistema nervoso. Neurônios viciados pela repetitividade cujas sinapses tornam-se lentas ou fracas.

FONTES DA LEID:

φ   falta de *iniciativa própria*;

φ   comodismo;

φ   facilidades das tecnologias mal utilizadas;

φ   preguiça;

φ   querer folgar às custas dos outros;

φ   *omissão*;

φ   leitura inútil etc.

DOS 5 ELEMENTOS DO FATOR INÚTIL

É toda energia desperdiçada, sem direção, gastas conosco mesmos ou com os outros, nos movimentos internos ou externos.

Os nossos *pensamentos* fora de *controle*, deitando e rolando em nossa mente, criam um circuito de *5 elementos do fator inútil* que, encadeados entre si, desenvolvem-se de maneira sorrateira, armando um boicote contra nós mesmos.

1. **Ócio**: é a estagnação do nosso movimento interno, preguiça mental.

2. **Apego**: é tudo aquilo que nos escraviza e que nos traz *sofrimentos* desnecessários, impedindo a nossa *reinvenção* no *tempo* e no *espaço*.

3. **Bisbilhotagem**: é premeditar ações contra o outro, ou contra nós mesmos; é cuidar da vida alheia e não cuidar da nossa.

   I. **Bisbilhotagem interna**: é gastar parte da nossa energia para maquinar, o tempo todo, um jeito de tentar "crescer e aparecer" na vida em cima das desgraças e defeitos alheios.

   II. **Bisbilhotagem externa**: é cuidar da vida dos outros, contra os outros, usando a participação de terceiros.

4. **Impulsividade**: é a ação descontrolada, movida pelas emoções.

   I. **Impulsividade compulsiva**: são movimentos desordenados que fogem da nossa completa vontade.

   II. **Impulsividade intermitente**: é aquela que avança e recua, periodicamente, ou torna-se mais evidente quando estamos fora de nosso campo de ação, daquilo que conhecemos e dominamos.

5. **Omissão**: é a postura de fuga ou indiferença interna diante dos fatos da nossa realidade.

DOS IMPULSOS INDESEJÁVEIS

São movimentos repentinos que nos fazem *agir* sem necessidade. Por exemplo: comer achando que está com fome; aceitar aquele chocolatinho só para agradar os outros; tomar um cafezinho só para fazer companhia; o cigarrinho para fazer um charme; puxar os "ss" e "rr" só para chamar atenção. Vão se tornar um vício incontrolável, que fará parte da nossa existência e que um dia teremos que eliminar, normalmente com uma doença grave. É a retórica da mente para fazer o que não é preciso. É a apologia carencial do "faço faço" e "quero quero", preciso aparecer.

Resumindo: são repentes que inesperadamente tomam conta de nós, e, sem *controle* emocional, fazemos puramente aquilo que não devíamos ter feito. Coisas ou situações que achávamos que precisávamos, mas, na verdade, são nada mais que nossas *carências* batendo à nossa porta exigindo compensações. Tudo no *universo* é construído do micro para o macro.

Consequências: gastos indesejáveis, agravamento dos vícios, descontrole emocional, *ansiedade* e fatalmente cairemos na *depressão*.

DOS 4 ESTÁGIOS DA MISÉRIA HUMANA

A Heulosofia define os *4 estágios da miséria humana*:

1. Ignorância.
2. Estupidez.
3. Impermeabilidade.
4. Nulidade.

DOS 5 MOVIMENTOS DA ESTAGNAÇÃO HUMANA

1. Comer demais.

2. Beber demais.

3. Procriar demais.

4. Dormir demais.

5. Trabalhar sem *foco* produtivo. Entendemos que na *produtividade* os resultados devem ser sempre para o *bem* do todo.

Tudo na vida tem que existir *disciplina*; começo, meio, e fim em tudo; com finalidade de propósito.

DAS LACUNAS DO UNIVERSO DE CONFLITOS

SHADOWS

São resíduos psicofísicos, "migalhas esvoaçantes", subprodutos dos *atritos* e dos *elos mentais*, que volitando no campo mental, agregam-se e formam nódoas, entorpecem os nossos sentidos, dificultam o *discernimento*, a razão, a *lógica*, a sensibilidade e a *percepção*.

Eles são como lentes engorduradas que impedem nossa visão a curta, média e longa distâncias. São o pingo d'água não estancado que se transforma num oceano, gera um tsunami e distorce a visão em 180°.

ECO DA CONSCIÊNCIA

É o som, o chamado da *força interna*, daquilo que deveríamos ter feito e não fizemos, ou fizemos e não deveríamos ter feito. O que mais assemelha-se ao *eco da consciência* é o *remorso*. No *remorso*, o resultado de resíduos acumulados durante longo tempo forma *bloqueios*; ele é mais intenso. No *eco da consciência* o resultado é instantâneo, imediato e de possível correção. O *eco da consciência* é um vácuo que nos desassossega e só desaparece quando retomamos a direção das nossas ações, corrigimos as falhas, é a reação psicológica desta presente vida.

REMORSO

Vem da *força interna*. É uma manifestação da nossa *consciência (universo de soluções)*, é um arrependimento consolidado. Ele gera um *bloqueio* que nos impede de avançar. Demonstra que cometemos um erro desnecessário. Ocorre quando já estávamos prontos para fazer diferente, mas mantivemos o erro. Carregamos o *remorso* como um resíduo mental de um ato *mal* cometido contra outrem.

CULPA

A *culpa* é uma *emoção,* fruto de um padrão de comportamento exigido pela sociedade do certo ou errado. Ela, muitas vezes, é ligada à fé em relação ao Divino e às religiões. Por falta de *senso crítico* e *reflexão*, acreditamos nos dogmas e aceitamos as repressões. Sem *discernimento*, mesmo estando certos, sentimo-nos culpados.

Assumir a *culpa* causa um complexo de inferioridade. É um *sofrimento* indesejado que nos impede de avançar. Ela é gerada pela não identificação da hipocrisia da sociedade; é um autoconstrangimento, muitas, muitas vezes desnecessário. Ela é, na exata proporção da nossa suscetibilidade, melindre e *ignorância* dos fatos; é a *emoção* vinda da mesma fonte, nosso *universo de conflitos e soluções*.

DA ZONA DE CONFORTO

É a zona criada pelo Ser ao seu derredor, lhe dá a falsa sensação de que sabe muito e não precisa de mais nada. É o domínio dos *elos mentais* sobre nós, causa a sensação de que não precisamos *aprender* mais nada. Entra-se numa estagnação, em que a pessoa não quer ser incomodada por nada nem por ninguém. Tudo está errado, só ela está certa.

DA CARÊNCIA

É a ausência de tudo aquilo que acreditamos precisar. Quando deixamos de nos *observar*, não temos dados para saber quais são as nossas reais necessidades. Quanto mais longe estivermos da nossa realidade, maior será a nossa *carência* e melindre.

DA INSEGURANÇA

É o *medo* de expor-se. É a *força interna* pedindo socorro. A *insegurança* é o primeiro sintoma de que alguma coisa vai *mal*. A pessoa insegura nunca quer errar e sua autoexigência é grande. Por não suportar a ideia do erro, não se expõe, não investe no novo. Torna-se limitada. Com o passar do tempo, surge a baixa autoestima. Considera-se menos que os outros, pois não utiliza sua capacidade produtiva, por não querer arriscar-se. É a *lei da aglutinação e da aprendizagem* em ação.

DO CICLO DA IMPRODUTIVIDADE

EXPECTATIVA

É uma criação mental adicional, além do necessário. Ela surge sem a devida *reflexão*, isto é, a avaliação das nossas reais necessidades biológicas, afetivas ou *carenciais*. É o desejo dando um salto na imaginação fértil da nossa imaturidade, antecipando os resultados de ganhos ou perdas que nos tiram do nosso equilíbrio emocional e conduzem-nos a uma espécie de apreensão ou *medo*. Ela ocorre numa tentativa de garantir que a nossa *carência* emocional seja preenchida.

ANSIEDADE

É o desejo incontido de antecipar o *tempo* e o *espaço*, querer que o amanhã seja hoje. É a pressa que caminha para o nada, em direção a lugar nenhum, que, sem o devido cuidado da *reflexão*, pode conduzir-nos a situações constrangedoras, pela manifestação da *impulsividade* ou da *omissão*.

FRUSTRAÇÃO

É o desconforto interno, trazido pela *expectativa* não atendida das nossas ilusões, caprichos, desejos, sonhos e *objetivos*.

ESTRESSE

É o esgotamento mental e/ou nervoso que traz desequilíbrios e, consequentemente, descontroles emocionais, causado pelo excesso de *atritos* internos (mentais e emocionais).

Estafa é o esgotamento físico, pelo simples excesso de movimentos ou atividades diárias, além dos nossos limites.

ANGÚSTIA

É o primeiro sinal de *depressão* pelo acúmulo de situações conflitantes, informações desconexas, frustações e perdas, implodindo dentro de nós. É a *força interna*, querendo caminho para se manifestar.

A *angústia* apresenta um sintoma físico expresso por uma *dor* no peito e pode surgir num momento, aparentemente, inexpressivo de nossa vida.

DEPRESSÃO

É a diferença do que "sou" (*força interna*) e do que "estou" (mente). É a *força interna*, exigindo caminho para se manifestar. O grau de *depressão* está na diferença entre o que realmente "somos", para o que "estamos". A *depressão* não tem momento certo ou determinado para se manifestar; é o estado de *angústia* já instalado. Ela é o apelo da *força interna*, em um dos seus limites mais críticos de "hibernação", exige uma atitude nossa para emergir, contraria nossa vontade e acomodação. Ela jamais surge de repente e, para chegar a esse ponto, já nos foram enviados, e de várias maneiras, dezenas de recados.

O *ciclo da improdutividade* está ilustrado na Figura 12.

CICLO DA IMPRODUTIVIDADE

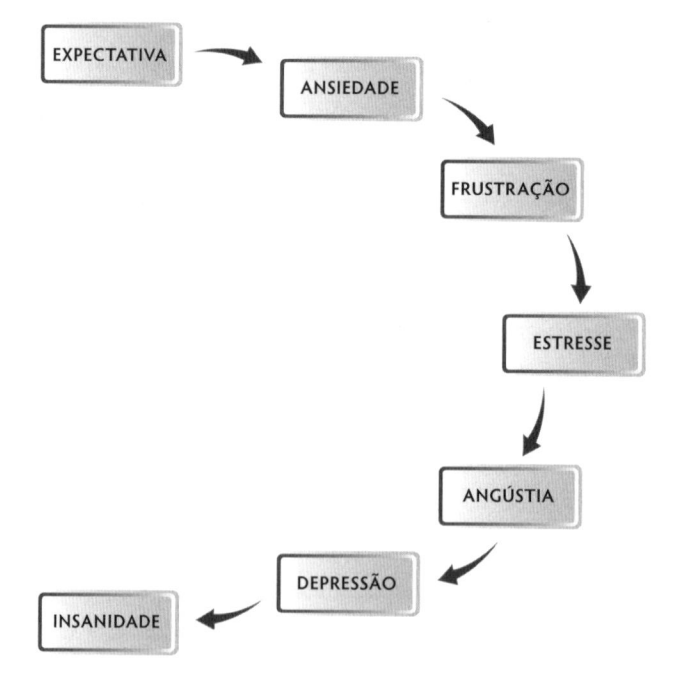

Figura 12

DAS ANTÍTESES EMOCIONAIS

DO ORGULHO E DA DIGNIDADE

Orgulho é uma mentira para dissimular o *poder* inexistente pela falta de conhecimento, incompetência, *insegurança*, *ociosidade* e descompromisso.

Segundo observações realizadas em muitos anos, o *orgulho* tem como pano de fundo a *carência*, traz a *insegurança*, que, por sua vez, é gerada pela distância entre o que realmente sei daquilo que penso saber.

Já a *dignidade*, cuja postura pode confundir-se com a do *orgulho*, é de segurança interna. Nada pode tirá-la de você; é uma conquista. Jamais se curva diante da farsa, da mentira e da corrupção. Nunca faz conchavos ou acordos prejudiciais ao todo e a si mesmo. É sempre serena e segura. *Dignidade* é uma postura interna de quem conhece seu limite e respeita o limite do outro.

DA VAIDADE E DA PRESERVAÇÃO DA VIDA

A *vaidade*, irmã querida do *orgulho*, pode ser confundida com a *preservação da vida* — que é uma postura de preservar seus próprios valores e conceitos, onde "tudo nos é permitido, mas nem tudo nos é lícito". Andar limpo e asseado, respeitando as normas do teto que nos acolhe é sempre recomendável, mas ser escravo de nossos excessos, caprichos e dos modismos é pura *carência*. Ao buscar sempre a simplicidade no vestir, no falar e no *agir*, estaremos nos comportando com coerência e consolidaremos a autopreservação. Ninguém precisa cometer nenhum tipo de excesso para ser ele mesmo.

DA OMISSÃO E DA RENÚNCIA

Omissão é a fuga ou indiferença interna diante dos fatos de nossa realidade. É quando não queremos discutir ou tomar partido, por falta de coragem ou *medo* de perder alguém ou alguma coisa. Muitas vezes a *omissão* nasce no *medo* da perda, de não ser amado ou não ser importante.

Enquanto você tiver *medo* de perder, só vai perder; mesmo ganhando, perdeu. Porque, se você ganhar, será de uma forma equivocada, a que chamamos de conchavo, autocorrupção. Se tiver que perder, perca logo aquilo que nunca foi seu. Não viva de ilusão, aparências e mentiras nas quais você acredita.

Renúncia é o movimento de recuar, conscientemente, esperando o momento certo, na dose certa, para assumir sua posição, a qualquer *tempo e espaço*. É quando você, na mesma situação citada, está sempre pronto a dar a sua opinião. Sua *força interna* sabe que está pronto para *agir*. Não existe *medo* da perda, mas não é a hora certa. Seus sensores reaprenderam a *observar* e sabem que o momento não é aquele, se você avançar, tudo vai despencar. Isso é ter *flexibilidade* e *reflexão*. Não existe sentimento de *culpa*, *medo* ou covardia. Existe sensatez.

DAS 7 FACES DO MEDO

Na dinâmica da mente, como em tudo na *natureza*, o movimento é sempre do simples para o complexo, do uno para o múltiplo. A raiz de todos os nossos excessos emocionais está no *medo*. Por trás de tudo sempre está o *medo*. *O medo* de perder algo ou alguém, da *dor* e do *sofrimento*, ou, ainda, da rejeição e da exclusão.

DA ÁRVORE DA IGNORÂNCIA

A *ignorância* é a causa de todo desencontro, desilusão e erro da raça humana em sua trajetória para alcançar a sua *autorrealização* e a *autoiluminação*. Adquirir conhecimento e virtude, ou seja, *sabedoria*, é o caminho para sua *expansão* e compreensão de si mesmo, da *natureza* e do *universo*. No "céu" não há ignorantes ou bonzinhos, mas sim seres lúcidos, inteligentes e integrados com o *bem* comum. Todos eles construíram suas moradas de luz e, sem exceção, caindo e se levantando; rindo e chorando; amando e odiando; tiveram que correr riscos, *ousar* e vencer seus próprios limites. No *universo* não existe amostra grátis, nem brindes ou concessões. As leis do *universo* não têm preferência. Somos nós, sem exceção, que esbarramos na *árvore da ignorância*! A *árvore da ignorância* (Figura 13) representa o estágio emocional atual dos *humanoides*, *humanídeos*, *humanos* e *humanizados*, na qual o *medo* é a primeira expressão da *ignorância* e todas as outras emoções são as suas faces, como já explicado nas *7 faces do medo*. Mas a perfeição de tudo isso é que, mais cedo ou mais tarde, conquistaremos nossa própria *sabedoria* no *universo* e, com ela, a nossa própria luz interior, e desfrutaremos do *amor* infinito do *Inventor da Vida*.

Lembre-se, não existem preguiçosos ou folgados na senda dos iluminados.

ÁRVORE DA IGNORÂNCIA

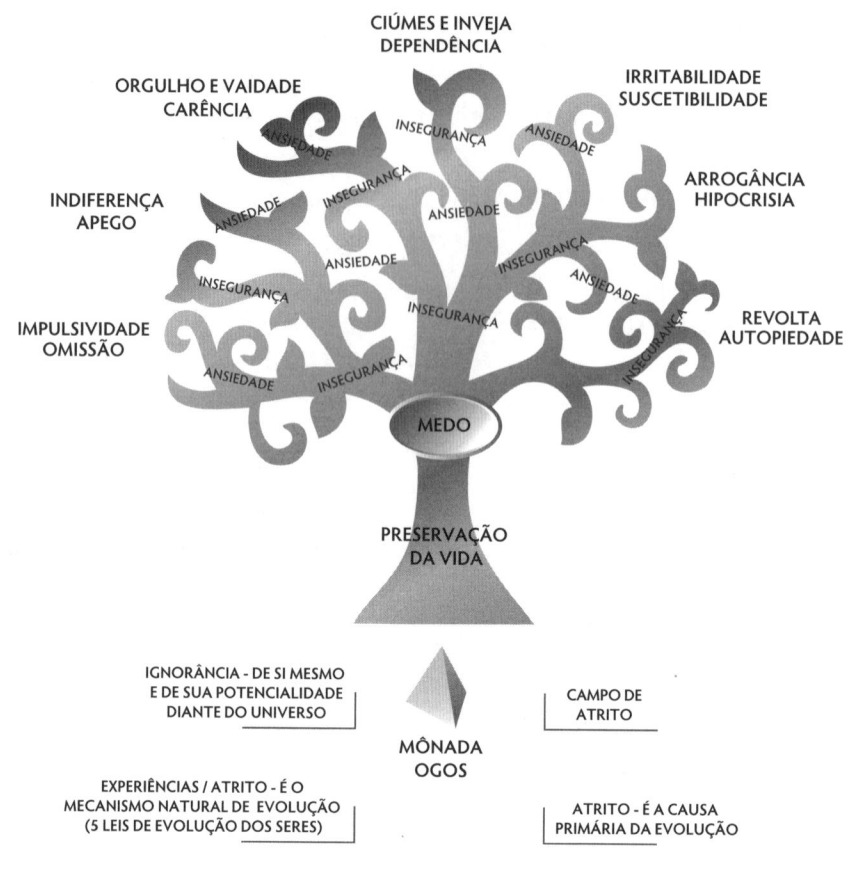

Figura 13

DO AUTOCONHECIMENTO

O *autoconhecimento* é a chave mestra para encurtar o caminho para o *Inventor da Vida* e nos tornarmos recíprocos com Ele.

E se não o praticarmos? Apenas retardaremos em muito o nosso caminho.

O *autoconhecimento* não é *religião*, não tem crendices, acredita e trabalha nas leis da *natureza* universal, sem pressa, sem dogmas, mestres ou convencimento de outrem. A *natureza* é a fonte primária de toda a *sabedoria* existente do *universo*.

É a nascente que desemboca no oceano da *sapiência*.

É o caminho mais curto para encontrarmos nossa *coordenada cósmica*, que é o ponto de interseção entre o que realmente "sou" e o que "estou" (passageiro), eliminando, assim, o *eco da consciência*.

É o caminho que nos leva à nossa verdadeira realidade interna e prepara-nos para trilhar a estrada da *aprendizagem* universal e das descobertas infinitas, sem intermediários de qualquer *natureza*.

É buscar em si mesmo a identificação com os movimentos da vida na *natureza* integrando-se com o *universo*. Ele elimina todo e qualquer preconceito, de todas as formas. Vê os seres como uma semente do *Inventor da Vida* a desabrochar em lindas flores, cujo perfume é imperecível.

Nascemos para viver no "líquido amniótico" do *Inventor da Vida*, e o *autoconhecimento* é descobrir a nossa capacidade de nele nadar e mergulhar nas profundezas do *amor* eterno.

DAS INTENÇÕES

Dizem que de *boa intenção* o inferno está cheio. Ao *refletir* sobre isso, descobre-se que é um ditado fora de propósito, pois, se o inferno está cheio de bem-intencionados, onde estão os mal-intencionados?

O *universo*, de fato, grava as nossas verdadeiras *intenções*, as boas ou as más; e o céu ou inferno fica por nossa própria conta.

BOA INTENÇÃO

É ter o *objetivo* de alcançar resultados, sem o propósito de lesar e/ou prejudicar alguém ou alguma coisa, mesmo correndo o risco do erro por *ignorância* ou descuido, jamais por dolo.

É quando, apesar dos nossos movimentos dizerem o contrário, dentro de nós existe a vontade de acertar, corrigir e *educar*, sem acordos, privilégios ou conchavos.

MÁ INTENÇÃO

É quando temos o *objetivo* de levar vantagem pessoal, seja na *ética*, no financeiro ou qualquer outra área, sem nos importarmos com os limites alheios. Premeditadamente, terei vantagens sobre o que ou quem quer que seja, a qualquer custo, praticando o dolo.

O dolo ocorre quando o indivíduo age com *má intenção*, mesmo sabendo das consequências que possam vir a ocorrer, e o pratica para que, de alguma forma, possa beneficiar-se, não se importando com quem ou com o quê.

DAS FORÇAS MOTIVAS DO SER

FORÇA INATA

A *força inata* ou instintiva é resultante da força da genética, construída em milhões de anos, pela composição química, energias físicas semelhantes, que se movem por si e definem a *evolução* da vida, materializadas pelos *cocriadores*, dentro das leis universais.

FORÇA DE VONTADE

A *força de vontade* é a serva rebelde do *querer*. É um impulso emanado pelo *ogos*, que ativa os hábitos, os *condicionamentos*, os costumes e as necessidades mentais e de sobrevivência; e sua direção depende de nossas inclinações. Ela pode ser movida pela *vaidade* e pelo *orgulho*. Esse impulso é alavancado por duas âncoras muito presentes em nossas vidas: *o poder e o prazer*, ou seja, motivação externa e interesses da vida.

FORÇA INTERNA

É toda a potencialidade produtiva contida no Ser. A nossa *força interna* é proporcional ao resumo de todas as nossas ações para o *bem* do todo, do nosso *universo de soluções*. É o sumo de todas as nossas virtudes armazenadas em nossa *consciência (universo de soluções)*, que por sua vez é fruto das experiências adquiridas ao longo das reencarnações. A fonte que a alimenta é a imanência do *consciquântico* de quem a possui. Ela é a bússola do caminho a seguir. Ela nunca decide, apenas o *ogos* pode fazê-lo. Quando estamos muito cansados, desiludidos, desesperançosos pelo *cansaço*, a *força interna* é nossa bússola segura, quando conseguirmos vencer o nosso *universo de conflitos*, far-nos-á encontrar um caminho seguro e produtivo. Ela sempre nos diz o que tem que ser feito, pois ela sabe e conhece, mas pelas ilusões da mente nós nos confundimos.

QUERER

É o pulsar Divino (divino aqui, expressa a fonte da vida no momento da criação), alojado no *ogos*. Quando o *querer* é acionado, movimenta e acelera o Ser para avançar na sua jornada infinita. Ele possui *disciplina*, começo, meio e fim, harmonia com higiene, *compromisso*, *naturalidade* e age com *planejamento* e ordem. *Querer* é a fusão do *homem* com o seu Divino, que quando acessado movimenta o Ser para a sua transformação. Ele é a força que irrompe todas as dificuldades para a *transformação do Ser*, contra tudo e contra todos, mas a favor do *universo*, com *sabedoria*. É o ser trabalhando para o *bem* do todo.

DAS FORÇAS TRANSFORMADORAS DO SER

AMOR

Amor só o *Inventor da Vida* o tem, porque Ele é a fonte de tudo. Como resultante de seu efeito, podemos dizer que somos catalisadores da sua energia criativa, que pode dar vida e movimento; e a capacidade de administrar os movimentos da vida, imitando o *Inventor da Vida*, chamamos de *reciprocidade*.

DOR

É resultado da sensação de perda que congela o fluxo *natural* de energia, provoca constrangimento no Ser e inibe a sua *força interna*.

REMORSO

Remorso vem da *força interna*; é uma manifestação da *consciência (universo de soluções)*; é uma espécie de arrependimento consolidado que gera um *bloqueio* que nos impede de avançar, e demonstra que cometemos um erro desnecessário. Ele ocorre quando já estávamos prontos para fazer diferente, mas incorremos no erro. É aquilo que carregamos como resíduo mental de um ato *mau* cometido contra alguém.

O *remorso* é o sentimento de *culpa* de algo cometido contra alguém, o arrependimento é a *emoção* aflorada de quem deveria ter feito mais ou menos, positivo ou negativo, *bem* ou *mal*; é uma reação nossa, conosco mesmo.

CANSAÇO

É a fadiga da repetição excessiva dos erros, que leva o Ser a transformar-se pelos excessos.

DA AÇÃO TRANSFORMADORA

Para elevar-se e evoluir, o *ogos* não precisa deletar suas desvirtudes, que seria negar toda a sua *antropogenia*, mas sim transformar, pela sua *força de vontade* e pelo *querer* nossos defeitos e imperfeições em virtudes, por meio da *ação transformadora*. Por exemplo: a arrogância e o *orgulho* podem transformar-se em *dignidade*.

A energia na vida em sua origem é neutra. A sua positividade ou negatividade dar-se-á na medida e na proporção das nossas tendências mentais e impulsos internos, construídos em nossa *antropogenia* milenar. Na medida da consolidação dos *elos mentais*, maior será o esforço necessário para a transformação.

DAS TRANSFORMAÇÕES DO COMPORTAMENTO

PARA A TRANSFORMAÇÃO DO SER

São necessários sete anos de modificação[3] + três anos de consolidação[4]. São dez anos para *consolidar* um novo padrão de comportamento.

---

3   A Heulosofia entende como modificação a prática contínua do *autoconhecimento, por meio da utilização sistemática dos 5 movimentos do autoconhecimento, dos 5 movimentos internos e do saneamento mental.*
4   A consolidação é o período em que as conquistas dos sete anos de prática tornam-se parte integrante dos praticantes, e, de forma *natural* e espontânea, eles exalam um "perfume" como o da flor de lótus, fruto de sua paz interior.

PARA O PROCESSO MENTAL

A mente leva, em média, de 24 a 72 horas para processar os movimentos da vida, conhecimentos e dados. A variação do tempo depende da intensidade do fato *versus* a *maturidade* de cada um (seu estágio *ogoico*).

DO PODER DE DECISÃO

É a capacidade conquistada pelo exercício do *livre-arbítrio*.

DOS 5 ESTÁGIOS DO AUTOCONHECIMENTO NA HEULOSOFIA

A prática dos 5 estágios da Heulosofia tira o Ser dos desequilíbrios emocionais e o conduz à liberdade de *consciência (universo de soluções)*, elimina o *sofrimento* e aproxima-o da sua *coordenada cósmica*. Eles são considerados as ferramentas para os aprendizes da Heulosofia *praticarem* o *autoconhecimento* e devem ser aplicados de forma dinâmica e conjunta. A apresentação dos estágios é apenas didática e orientativa. São eles:

1º ESTÁGIO — OS 5 MOVIMENTOS DO AUTOCONHECIMENTO

Observar: é percepcionar a sombra do invisível.

Refletir: é tomar *consciência* da realidade que está oculta.

Tomar atitude: é um *movimento* interno de decidir no mundo das ideias.

Agir: é materializar ideias em ações, com *disciplina* e *continuidade*.

Saber esperar: é ter *continuidade* no processo de mudança e acompanhar os movimentos com serenidade (Figura 14).

OS 5 MOVIMENTOS PARA O AUTOCONHECIMENTO

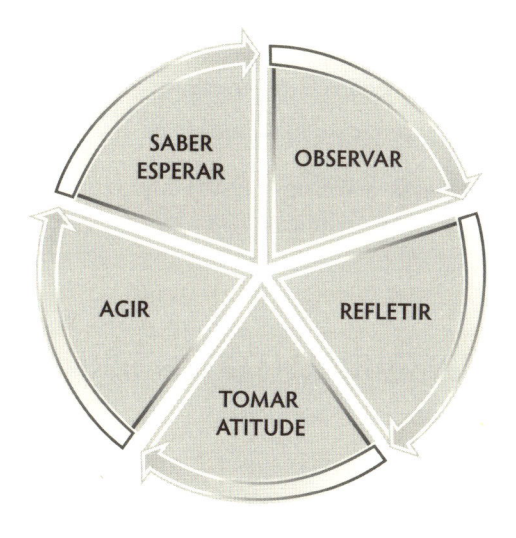

Figura 14

2° ESTAGIO — OS 5 MOVIMENTOS INTERNOS

Mirar-se: é gravar na íntegra todos os nossos movimentos, *pensamentos* e posturas, estudando-os para entender nosso mecanismo mental. Significa olhar-se internamente de dentro para dentro. É fazer um escâner mental utilizando o infraolhar, que é o olho da *consciência* (*universo de soluções*) já conquistado pelo *ogos*. É fazer um zoom nos pontos mapeados pela *varredura* e corrigi-los de forma contínua e disciplinada.

O *mirar-se* ocorre pelo *querer,* ato consciente de estar presente a atento e com total interesse em se transformar em um ser melhor. Aciona as leis que regem o *universo,* subindo de escala e que consequentemente expande a *consciência,* deixando espaço quântico para o *aprender* sem *sofrimento.* É como subir uma escada conhecida com uma lupa ou um microscópio de maior amplitude a 360° de abrangência.

Analisar os sonhos: é trazer à *consciência* o nosso *universo* interno e oculto para identificar o nosso status quo. É associar nossa história passada com a história presente, a nossa *antropogenia.*

Planejar-se: é o processo de ordenamento, *foco, organização* e *priorização* dos conteúdos mentais.

Ousar: é o plano de ação com inovação, *reinvenção* e *expansão* dos nossos movimentos internos e externos.

Retomar-se de alfa a ômega: é a reconstrução eterna do nosso *universo* interno diante das adversidades da vida (Figura 15).

OS MOVIMENTOS INTERNOS

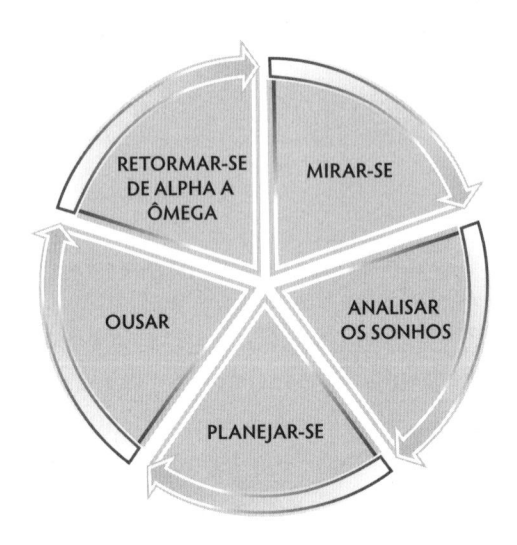

Figura 15

3° ESTÁGIO — OS 3 PRINCÍPIOS PROPULSORES DA HUMANIZAÇÃO

Iniciativa própria: é desenvolver a capacidade de fazer, a qualquer tempo, em qualquer situação, aquilo que tem que ser feito.

Senso crítico: é desenvolver a capacidade de avançar e recuar, exercendo virtudes e conhecimentos.

Criatividade: é desenvolver do "nada" recursos necessários para solucionar problemas, utilizando o *tempo* e o *espaço* mínimo disponíveis (Figura 16).

OS 3 PRINCÍPIOS PROPULSORES DA HUMANIZAÇÃO

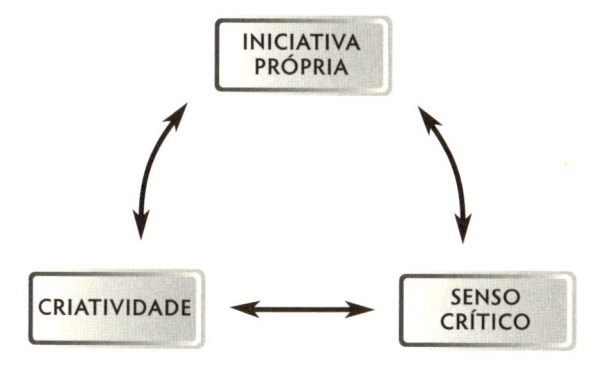

Figura 16

4° ESTÁGIO — O SANEAMENTO MENTAL

Saneamento mental é a prática do *autoconhecimento* por meio da educação direta da mente. Seu objetivo final é preparar-nos para a meditação e o mergulho na *vacuidade*. A prática do *saneamento mental* elimina o *eco da consciência e os shadows*. Divide-se em *varredura, organização focada, impessoalidade, neutralidade* e *vacuidade* (Figura 17).

Todos os fatores de realinhamento para encontrar a segurança, o *discernimento* e a serenidade são uma ocorrência *natural* e acontecem por si, no processo do *autoconhecimento*, por meio do *saneamento mental*.

Saneamento mental é o processo de eliminação de resíduos acumulados durante séculos, em nossas existências, que tal como o colesterol se acumula nas artérias coronárias, os *pensamentos* condensados se aglutinam em nosso campo mental e consequentemente em nossos neurônios, dificultando ou até inibindo as sinapses, bloqueando a nossa clareza mental e *discernimento*, causando diversas enfermidades psicossomáticas.

Varredura mental: é o momento de fazer o levantamento situacional e um mapeamento mental, por meio do mirar-se. Traz a clareza mental pois, ao trazer tudo à tona, saberemos o que acontecerá, e podemos nos organizar mentalmente.

Ganhos:

φ   *aprender* a identificar a diferença entre nós e os *pensamentos*;

φ   trazer repressões à tona;

φ   identificar pendências, incomodações e desassossegos;

φ   desenvolver a *iniciativa própria*;

φ   ampliar a capacidade de *concentração*.

Organização focada: é a hora de colocar tudo no lugar, a hora da faxina. Por meio do *foco* com *reflexão*, alinhamos os *pensamentos* soltos, como se estivéssemos colocando-os em pastas de documentos e afins, ou guardando as roupas nas gavetas: camiseta com camiseta, calça com calça e assim por diante. Desse modo, formaremos blocos de afinidades e deixaremos nossa mente clean e organizada. Traz o *foco*. A mente fará isso por si mesma, quando der atenção a ela.

Ganhos:

- φ   desenvolver a capacidade de identificar os *pensamentos* e separarmo-nos deles;

- φ   *aprender* a organizar a mente;

- φ   começar a desbloquear as repressões e resolvê-las;

- φ   enfrentar as pendências, os incômodos e os desassossegos;

- φ   desenvolver o *senso crítico*;
- φ   ampliar a capacidade de *concentração*.

Impessoalidade: na *impessoalidade* devemos analisar e *refletir* sem envolvimento emocional, como se estivéssemos vendo de fora do problema. Como se fôssemos outra pessoa, verificar os excessos e as faltas, onde ocorreu o erro, se exageramos ou não, ao tomarmos a atitude ou ação necessária sem buscar culpados. Traz o *discernimento* e elimina *culpas*, desenvolve o senso de justiça, que por sua vez traz a justiça.

Esta etapa permite-nos quebrar *condicionamentos* e encontrar novas soluções para os problemas. Nossa referência será sempre: o que é bom para o todo, é bom para mim. Vamos *aprender* a abrir mão das vontades e desejos puramente pessoais para fazer o que tem que ser feito, e, com isso, ampliar nossa visão de vida e do *universo*. Após *tomar atitude* interna e decidir o que tem que ser feito, devemos *agir* ou buscar, dentro do possível, corrigir o que já foi. Lembrando que o que passou, passou, sempre com *dignidade*.

Ganhos:

- φ   desenvolver o *senso crítico*;

- φ   fortalecer o juízo das coisas;

- φ   diminuir as omissões e as *impulsividades*;

- φ   ampliar a *percepção* das coisas;

- φ   desenvolver o *poder de decisão*;

φ fortalecer a capacidade de identificar os *pensamentos* e separar-mo-nos deles;

φ continuar a desbloquear as repressões e solucioná-las;

φ ampliar nossa capacidade de *foco*.

Neutralidade: após decidir internamente com *impessoalidade*, é hora de neutralizar a mente e apagar todos os resíduos emocionais e restos de *pensamentos* soltos e desconexos. Exigirá *disciplina* mental, persistência e *continuidade*. Traz lucidez.

A *neutralidade* é um estado mental em que, pelo *querer*, deixamos que a mente se assente, como se estivéssemos passando um apagador na lousa cheia de rabiscos de giz. Deixe sua mente trabalhar para você, apenas queira e deixe...

Ganhos:

φ reduz a pressão interna e o *estresse* mental;

φ traz *flexibilidade*, segurança interna e clareza mental;

φ aumenta nosso *controle* emocional;

φ prepara-nos para mergulhar na *vacuidade*.

Vacuidade: é um estado mental que nos prepara para mergulhar na meditação, que é o estado de onda mental zero, cujo processo de *continuidade* é individual e personalíssimo. Daqui para frente cada um descobrirá por si mesmo. Nela encontramos o *silêncio* profundo e a ampliação dos sentidos ou sua abstração. Permanecemos conscientes, porém em estado de serenidade e absoluto *silêncio interior*. É um contato íntimo com o nosso Ser, e a nossa *força interna* jorra com plenitude. Um estado de profunda paz inunda o Ser.

Ganhos:

φ aumenta a sensibilidade;

- φ expande a *percepção*;
- φ consolida com maior rapidez o nosso *universo de soluções (consciência)*;
- φ inspiração;
- φ segurança;
- φ coragem;
- φ lucidez;
- φ clareza mental.

O SANEAMENTO MENTAL

Figura 17

5º ESTÁGIO — O TEOREMA DE APRENDIZAGEM DO SER HUMANO

Aprender — *observar/refletir:* é o processo de armazenamento de recursos, cuja biblioteca é a nossa mente. O critério e o *discernimento* de sua qualidade e utilização dependem dos interesses individuais e coletivos. A responsabilidade dos resultados de sua aplicação trará a harmonia ou o caos; a paz ou a guerra; a luz ou a escuridão. Quando o Ser inicia seu *autoconhecimento*, deve unir o conhecimento e a *reciprocidade*, ou seja, o critério do que armazenar deve ser: o que é bom para o todo, é bom para mim. *Aprender* é ter dentro de si recursos para se *educar*, educando, naturalmente, com a própria luz interior em *expansão*.

Praticar — *observar/refletir/tomar atitude/agir:* nesse movimento, vamos exercitar a análise de cada ponto identificado no momento da *aprendizagem*. Vamos *tomar atitude* e decidir internamente o que queremos mudar e como vamos *praticar* as mudanças. Vamos passar pelas 7 *fases da reflexão* mirando-nos 24 horas por dia, mas de maneira impessoal para que possamos retomar-nos de alfa a ômega.

Consolidar — *continuidade/saber esperar:* é saber e fazer as coisas de forma *natural*; é fazer com que tudo torne-se espontâneo em nossa vida. Para *consolidar* nosso aprendizado temos que *agir* continuamente com *impessoalidade*. Nesse movimento *natural* de consolidação do que aprendemos e praticamos, vamos armazenando o sumo das nossas experiências, fruto dos nossos erros e acertos refletidos. Da *dignidade* e do autocontrole emocional, diante das dificuldades, desenvolvemos a coerência, o *discernimento* e a fibra interna.

Decantar — *saber esperar:* é colocar cada coisa no seu lugar. Aprendemos com os nossos movimentos internos, utilizamos da observação para identificá-los e descobrir o que temos, o que nos serve e o que não nos serve mais, para poder transformá-los. Usamos dos 5 movimentos *do autoconhecimento*, da *impessoalidade* e da *neutralidade* para manter, apenas, o que nos é útil. Com o tempo, o *discernimento*, a clareza mental e a lucidez estarão presentes em nós, 24 horas por dia.

Eliminar resíduos — *neutralidade:* é o momento de utilizar da *neutralidade* para *eliminar resíduos*, os excessos emocionais, as urgências, as *expectativas* e as *carências*. Eliminamos tudo aquilo que nos causa *dor*, ressentimento, preguiça e má vontade. Após a *varredura*, a *organização focada*, o *mirar-se* de forma impessoal e organizada, decantamos o que não nos serve mais. Absorvemos em nossa *consciência (universo de soluções)* os aprendizados, e utilizamos a *ação transformadora* para transformar resíduos em ação produtiva para o *bem* do todo. O que nos leva a construir um novo padrão de comportamento (Figura 18).

O TEOREMA DE APRENDIZAGEM DO SER HUMANO

Figura 18

DAS FASES DO APRENDIZ DO SANEAMENTO MENTAL

NEGAÇÃO

É o início do processo em que acreditamos não precisar da prática da meditação. A nossa preguiça formata um eco mental que sempre nos diz: não agora; não preciso; estou bem; é um saco enfrentar a mente;

depois eu faço; não dá tempo; faço mais tarde; puxa, não dá tempo para cuidar de mim etc.

TURBULÊNCIA

É o estado mental que identificamos na *varredura* e na prática do *mirar-se*, quando entramos em contato com a nossa realidade interna, é o inferno de Dante. A mente, cheia de conflitos, apresenta o seguinte quadro mental: o estado tempestivo e intempestivo, descontrole, acidez comportamental, *pensamentos* e ideias explosivas, irritabilidade, mágoas, ciúmes, inveja, vingança, *angústias*, *depressão*, *culpa*, culpados etc.

DISPERSÃO

É quando as inquietações se confundem na mente. *Pensamentos* e ideias se dispersam, aparecem e desaparecem, dando lugar a outros *pensamentos* e a outras ideias. Na mente nada está parado, pois a confusão, o desconforto, a anulação ou a fuga são constantes e ativos.

CONTROLE

É o estado em que a mente se define; tudo se acalma e começamos a ter *controle das emoções* e dos *pensamentos*; compreendemos e aceitamos o jogo; acalmamo-nos e apenas miramo-nos; saímos do turbilhão. E, quando o turbilhão recomeça, esperamos calmamente que ele passe. A mente acalma-se e a dirigimos para onde e como queremos; sensação de paz e alívio interior.

SILÊNCIO

Tudo para. É um *silêncio interior* sem ação ou reação. É como um lago sem ondas, de águas claras, que podemos enxergar o fundo. Esse é o verdadeiro movimento interior, em que, sob nosso domínio absoluto, a mente e os *pensamentos* entram em harmonia. Ela, a mente, fará tudo sozinha.

DAS 7 FASES DA REFLEXÃO

1ª FASE

Fazemos, sem ter clareza das nossas ações e reações; agimos e falamos as coisas sem perceber. Inconscientes, omissos, impulsivos, nada está bom. Não concordamos com nada, mas aceitamos levar vantagem. Vivemos por viver.

Efeito: descompromisso.

2ª FASE

Sabemos que algo segue errado. Temos a *percepção* que exageramos, mas o *orgulho* e a *vaidade* nos cegam, e impedem a *reflexão*. Sentimo-nos donos da verdade.

Efeito: *medo*.

3ª FASE

Percebemos que algo está errado, mas só tomamos *consciência* do erro depois que o cometemos. O *eco da consciência* surge como um alerta.

Efeito: *insegurança*.

4ª FASE

Sabemos que estamos errados, vemos o erro, mas não conseguimos nos controlar. Erramos e temos *consciência* do erro ao mesmo tempo. Os *condicionamentos* ainda prevalecem sobre nós. O *eco da consciência* está gritando.

Efeito: *angústia*, pesadelos; a permanência nessa fase pode levar à *depressão*.

5ª FASE

Antecipamos o erro, mesmo assim o cometemos, mas tentamos não errar. Ora conseguimos, ora não conseguimos. Estamos colocando a mente em ordem e exercitando o comando sobre ela. O nosso *querer* já está mais forte, pelo exercício da tentativa.

Efeito: a dúvida e a permanência podem gerar *depressão* ou motivação.

6ª FASE

Antecipamos o erro e conseguimos controlar com pouco esforço.

Efeito: resistência interna, vontade de vencer, motivação, *controle* da mente para fazer o que tem que ser feito.

7ª FASE

Reflexão mais rápida que o raio na tempestade. Refletimos 24 horas por dia e encontramos saídas para fazer o que precisa ser feito. Fazemos o justo e o certo. De forma *natural*, decidimos, agimos de maneira assertiva, sem *sofrimento* ou sacrifício. Tudo é *natural*. A *consciência (universo de soluções)* está ativa.

Efeito: autocontrole.

DA AUTOGESTÃO INTEGRADA

É administrar a própria vida em harmonia absoluta.

É possuir habilidades e competências, adquirindo o talento de comandar sua própria vida, em todos os ambientes.

É acessar o equilíbrio dos movimentos da sua própria vida e viver dentro da sua cadência.

É conquistar o *comando da mente,* o *controle das emoções* e a *assertividade nas ações.*

AUTOGESTÃO INTEGRADA

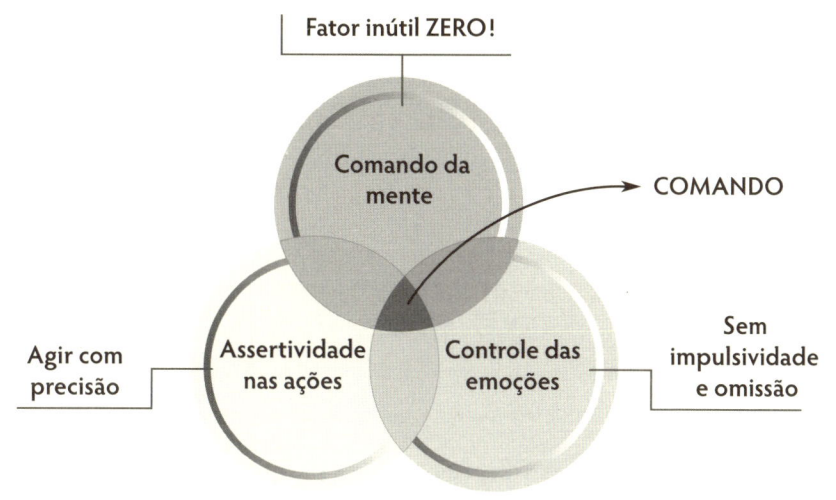

Fator inútil ZERO!

Comando da mente

COMANDO

Agir com precisão

Assertividade nas ações

Controle das emoções

Sem impulsividade e omissão

Figura 19

DO COMANDO DA MENTE

É ter absoluto *controle* sobre nossas ações, desejos e *pensamentos* de qualquer natureza. Consiste em sanear, organizar e harmonizar os *pensamentos*, de tal forma que, em poucos minutos de *silêncio*, para-se de pensar ou facilmente reflete-se sobre um assunto desejado, sem interferência dos demais.

DO CONTROLE DAS EMOÇÕES

É ter ascensão sobre as paixões, a cólera, o *remorso* e as mágoas, as quais conduzem à *impulsividade* e à *omissão*. Consiste em descobrir-se; estudar-se; ouvir sem interrupção; falar simples; sorrir sempre; ser discreto; nunca elogiar, apenas estimular; perdoar-se; trabalhar voluntariamente.

DA ASSERTIVIDADE NAS AÇÕES

É ter precisão das nossas ações e decisões; optar sempre pelo que é certo e mais simples, com *lógica*.

Ser assertivo nas ações é saber traduzir o resultado do *comando da mente* e o *controle das emoções* no falar a coisa certa, para a pessoa certa, da forma certa. É falar tão somente aquilo que precisa ser dito.

Ao desenvolvermos a *assertividade nas ações* construiremos o nosso próprio *destino* e comandaremos a nossa vida, em todos os ambientes: pessoal, familiar, profissional, social e comunitário.

DO COMANDANTE

O *comandante* é o ser que superou seus limites, conquistou habilidades e desenvolveu competências. Seu principal *foco* é a *autogestão integrada*. O *comandante* existe em todos os níveis hierárquicos.

Ser *comandante* não é somente ter como responsabilidade a tarefa empresarial, mas sim utilizar de seus recursos internos e externos para ser produtivo em qualquer ambiente de sua vida: pessoal, familiar, profissional e social.

CARACTERÍSTICAS:

φ   possui a gerência nas soluções e na *administração* dos problemas;

φ   estimula todos a vencerem seus limites;

φ   dá poderes de decisão, sem perder o *controle* da situação;

φ   divide os sucessos e os fracassos com os seus comandados;

φ   tem sempre o *bem* coletivo como sua prioridade;

φ   é o mais procurado e o mais bem pago nos dias de hoje.

O COMANDANTE GERA EM SUA EQUIPE:

φ   *credibilidade* e segurança para a tomada de decisão e solução de problemas;

φ   motivação para dar o melhor de si, durante todo o tempo, apesar da pressão e dos desafios do dia a dia;

φ   mudança no clima organizacional, a partir do *pensamento*;

φ   *compromisso* e responsabilidade social.

DO YOGA HEULOSÓFICO

O *yoga heulosófico* é uma ciência voltada para a *produtividade*, que unifica o corpo, a mente e o *ogos*. Essa união dá-se por meio da prática dos asanas, pranayamas, mantras e do *autoconhecimento*, conquistado pela prática dos 5 estágios da Heulosofia. Promove a saúde completa e o desenvolvimento integral do Ser. Seu *foco é o comando da mente,* o *controle das emoções* e a *assertividade nas ações.* Para acelerar e *consolidar* as conquistas do *yoga heulosófico* faz-se necessário o *rala yoga*.

DO RALA YOGA

É o exercício da prática voluntária consciente de fazer o que tem que ser feito para o *bem* do todo. Por meio de trabalhos, simples ou complexos, descobrimos nosso potencial, educamos nossa mente e despertamos nossa *força interna*.

DA AUTORREALIZAÇÃO

É a confiança conquistada de ter a liberdade de construir o nosso próprio *destino*, com muito trabalho e sem *adoração*, desenvolvendo o *livre-arbítrio*.

O ser *autorrealizado* encontra a sua *coordenada cósmica* conquistada pela prática contínua do *autoconhecimento*.

É o caminho para a *autoiluminação*; fazer o que gosta e gostar do que faz, seja lá o que for que tivermos que fazer.

AS 3 CONQUISTAS DO SER AUTORREALIZADO:

1. Não ter *medo* de perder nada nem ninguém.

2. Não ter *medo* da *dor* física, emocional e moral.

3. Fazer o que deve ser feito, o tempo todo.

DA AUTOILUMINAÇÃO

A *autoiluminação* é ter *consciência* plena de si mesmo, do outro e do Todo.

AS 3 CONQUISTAS DO SER AUTOILUMINADO:

1. Saneador, por onde passa leva a ordem, a higiene e a *disciplina*, no visível e no invisível.

2. Trabalhar incessantemente para o *bem* do todo.

3. *Educar* o tempo todo. Viver plenamente a sua *coordenada cósmica*.

DA SABEDORIA E DA SAPIÊNCIA

A *sabedoria* é o resumo do conhecimento e da virtude que liberta o *homem* da rede da *ignorância*.

A *sabedoria* é saber usar o pouco que se tem para o *bem* do todo, com clareza mental, *discernimento* e lucidez.

A *sapiência* é a *sabedoria* consolidada no *consciquântico*, que conecta o ser ao *Inventor da Vida*, através da *rede neural primordial*.

Aproveitamos para demonstrar na Figura 20 a *árvore da ignorância* transformada na *árvore da sapiência*, por meio da *ação transformadora*.

ÁRVORE DA SAPIÊNCIA

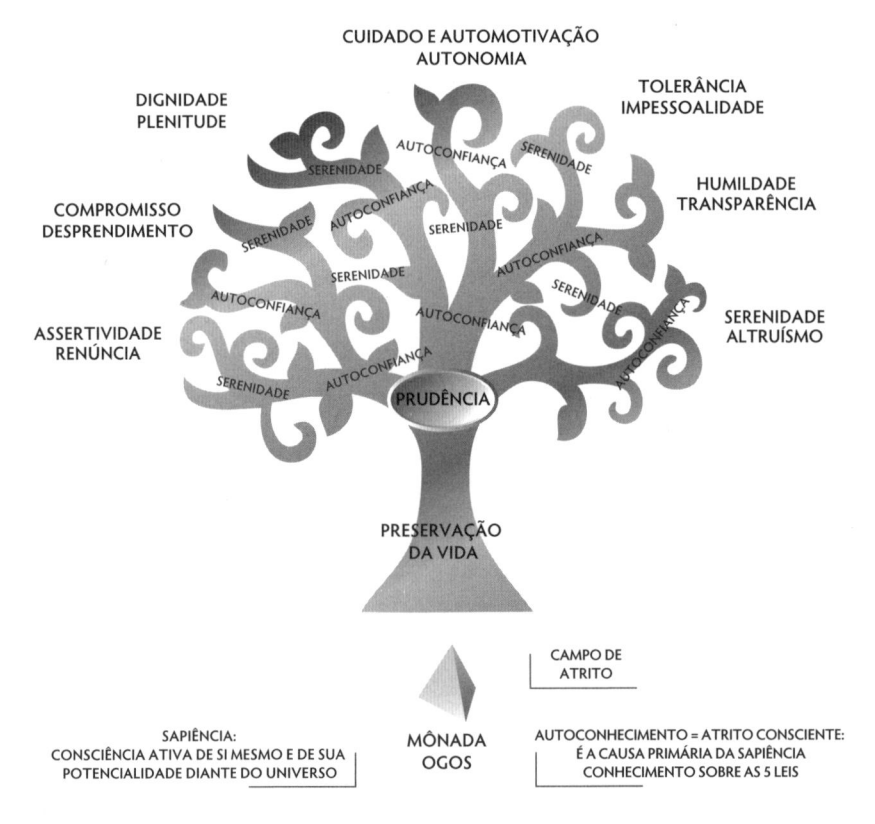

Figura 20

DAS DUAS ASAS DA SABEDORIA: O CONHECIMENTO E A VIRTUDE

Para despertarmos nossa *consciência cósmica*, trilharemos pelos caminhos da *evolução* e da *elevação*:

EVOLUÇÃO

É conquistada pelo domínio do conhecimento, das ciências e das leis universais, pela observação e *reflexão*.

ELEVAÇÃO

É conquistada pela consolidação das virtudes eternas, cujo "cimento" na construção interna é a *reciprocidade* pela vida e por tudo que nela existe.

O equilíbrio entre a *evolução* e a *elevação* traz a *sabedoria*, pois identifica em cada coisa que existe a perfeição do *universo* e que tudo está conectado para um fim maior.

DO COMPORTAMENTO HUMANO DE A a Z

O *comportamento humano de A a Z* consiste na compreensão de que todas as experiências humanas, sem exceção, são transformadas, aproveitadas e não perdidas ou queimadas no fogo do "inferno". Tudo em nossa mente transforma-se, nada é perdido, ao contrário do que dizem as religiões.

Ninguém inicia uma vida do zero, pois não somos um papel em branco. Já disse Lavoisier, químico francês: "na *natureza* nada se perde, tudo se transforma"; vale aqui esse preceito. Os nossos excessos e enganos emocionais de hoje transformar-se-ão em virtudes e *sabedoria* amanhã. Por meio do *autoconhecimento* reciclaremos, mais rápido, os lixos mentais em energias produtivas para o *bem* do todo.

A zona da potencialidade da *ignorância* foi construída em nossa *antropogenia*. É a fonte de todos os nossos desequilíbrios emocionais.

O *medo* é a fonte desse rio, é a raiz de todos os defeitos e virtudes. O *medo* faz-nos fugir, porém, um dia, quando desenvolvermos a capacidade de *reflexão*, ele transformar-se-á em *renúncia*, *flexibilidade*, prudência etc. É a *ação transformadora* tomando seu lugar. Mais cedo ou mais tarde, teremos que enfrentar o *medo*, pois ele não desaparecerá por si só. Enquanto reféns do *medo* estamos sujeitos às enfermidades físicas e mentais.

A zona da potencialidade da *sapiência* será construída pelo caminho do *autoconhecimento*. Enquanto o *medo* é a raiz de todos os nossos desequilíbrios, desencontros e *sofrimentos*, o *querer* é a força que utilizaremos para transformar a *ignorância* em *sabedoria* e, por fim, conquistar a *sapiência*.

O *medo* levar-nos-á à *sapiência*, fazendo-nos vivenciar o alfabeto do comportamento humano. Aprenda com os seus medos, busque a raiz, e você vai descobrir que ele é uma grande fonte de aprendizado para você (confira o quadro do comportamento humano de A a Z na página 162).

DOS 5 ELEMENTOS DO FATOR PRODUTIVO

FATOR PRODUTIVO

É todo e qualquer movimento interno ou externo, que traz na sua essência a *expansão* do Ser com o *universo*. O *fator produtivo* é composto de 5 elementos interativos. São eles:

1. **Impessoalidade:** é a habilidade de imergir em si mesmo, mergulhar no *universo de conflitos e soluções* para descobrir o que é certo ou errado e fazer o que tem que ser feito, o tempo todo.

   Ganhos:

   φ poder de *lógica*;

   φ capacidade de justiça;

   φ *discernimento* para definir como, quando, com quem e por quê.

2. **Reinvenção:** é a renovação integral. Corpo, mente e *ogos* de nossos movimentos internos, que se materializam em reflexos externos, por meio da modernidade e do empreendedorismo.

3. **Foco:** é concentrarmo-nos, de forma integral, no ponto principal da nossa atenção. Deve ser a bússola de nossa existência. É corpo, mente e *ogos* apontados para o alvo. Com *foco* podemos descobrir *o que somos*, o que queremos e como conseguir.

   I. **Foco linear:** é concentrar toda nossa atenção numa só direção, para uma necessidade externa a curto e médio prazos.

   II. **Foco multidirecional:** é mergulhar em si mesmo e, de forma determinada, edificar-se de dentro para dentro, materializando o nosso verdadeiro *ideal* em várias direções ao mesmo tempo.

4. **Ação transformadora:** é o movimento interno de superação dos nossos limites e dos *condicionamentos*, utilizando para isso a *força de vontade* construída pelo *querer*. É quando transformamos nossos *pensamentos* e nossas ideias negativas em positivas. É quando removemos os nossos *condicionamentos*.

5. **Autocredibilidade:** é a convicção plena em nós mesmos que norteia as nossas ações, utilizando, para isso, a sensibilidade e a *lógica*. São os olhos da *força interna*. Não se compra, não se vende, não se negocia. Ela é construída passo a passo.

DO FOCO, DO IDEAL E DO OBJETIVO

FOCO

O *foco* precisa ser desenvolvido em cima de um *ideal*.

IDEAL

É ponto macro de nossa vida que vem de dentro da alma. O *ideal* tem que ser a longo prazo, e não a curto e médio prazos. Pode ser aquilo que desejamos construir ou a pessoa que imaginamos ser. É o ponto final; é o alvo máximo da nossa existência; é sempre nobre e para o *bem*. É o construtor de almas e de homens.

OBJETIVO

É nosso anseio ou desejo a curto prazo e de sobrevivência.

DA MEMÓRIA CONECTIVA

É a capacidade de encontrar nos dados da lembrança as conexões necessárias para o momento criativo. É relacionar dados importantes entre si, formando uma cadeia de informações precisas, sem a necessidade de anotações. É simplesmente impossível escrever e anotar as conexões de tudo o que necessitamos e rodeia-nos, pela força do imprevisto e do inesperado, que ocorre pela *lei da imprevisibilidade*.

DA INTELIGÊNCIA

Na Heulosofia consideramos *inteligência* a capacidade de utilizar o muito ou o pouco dos conhecimentos adquiridos, com *sabedoria*, encontrando soluções simples, sensatas e para o *bem* do todo. O que a difere de QI (coeficiente de intelecto), que é a capacidade de absorver e decorar informações, sem, entretanto, *praticar* seus conhecimentos; é apenas teoria, o que gera muita arrogância, *orgulho*, *vaidade*, deficiências mentais e a *LEID (Letargia por Excesso de Informação Desnecessária)*.

Na primeira pode ser pouco, mas bem utilizada, na segunda, pode ser muito, sem utilidade prática e produtiva para ninguém.

O *universo* produtivo sempre dará preferência para a primeira, o *universo* dos homens sempre dará preferência para a segunda. Cabe a cada um de nós decidir em qual dos *universos* queremos habitar.

DA PERCEPÇÃO INTELIGENTE

É uma maneira de interpretar a natureza de todas as coisas, quando, sem evidências materiais e racionais, compreendemos e aceitamos um fato concreto, as coisas que não podemos materializar. É estudar o passado, viver o presente e perceber o futuro. É tudo aquilo que foge à *lógica*, mas sabemos que é.

DO EQUILÍBRIO E MODERAÇÃO NAS ATITUDES E NECESSIDADES

É o movimento harmonioso entre o que precisamos e o que queremos.

DA UNIVERSALIDADE DAS IDEIAS

É a ampliação da razão e da *lógica* para o entendimento dos fatos, aumentando nossa *percepção* da realidade.

DO DISCERNIMENTO

É a habilidade de determinar, entre situações e movimentos opostos, o equilíbrio perfeito.

O *discernimento* é um dos frutos saborosos da *força interna*. É proporcional ao resultado das experiências realmente adquiridas durante a nossa vida. Portanto, discernir é saber o momento certo de colocar a linha na agulha, comer rapadura ou fugir de um leopardo. Enfim, fazer a coisa certa, na hora certa, na intensidade certa, para a pessoa certa. Ele desenvolve-se por meio do *senso crítico* — o exercício de avançar e recuar, o tempo todo.

DA MATURIDADE

É a coerência dos movimentos internos que se manifestam de dentro para fora, de forma simples e *natural*; ela é proporcional ao grau de *impessoalidade* do Ser.

DA ADMINISTRAÇÃO

Administrar é incorporar os recursos disponíveis de maneira produtiva e reunir os recursos individuais no produto final, por meio do gerenciamento. É somar tudo antes e dividir depois, de forma a dar a cada um sua parte justa e participativa.

DA ORGANIZAÇÃO

É estruturar o encadeamento harmônico entre tudo e todos. É o mapa pelo qual se administra alocando recursos no *tempo* e no *espaço*.

DA CONCENTRAÇÃO

É ter a mente alinhada, de modo que todo o nosso potencial seja usado de forma produtiva. É a capacidade de direcionar, organizadamente, nossas energias para diversas necessidades, aumentando nossa capacidade com *eficácia*. É fazer diversas coisas ao mesmo tempo, de forma simples e bem-feita. É mergulhar no *foco* e, ao mesmo tempo, realizar tarefas diferentes. Essa *concentração* desenvolve-se com o *saneamento mental* e o tempo.

DA FLEXIBILIDADE

É a expressão da *renúncia*. É a capacidade de avaliar várias alternativas, porém, quando necessário, abrir mão daquela de sua preferência. Fazer o que tem que ser feito em prol do *bem* do todo, mesmo que não lhe agrade totalmente. É o exercício constante de fazer concessões para o *bem* de todos, mas sem conchavos. A *flexibilidade* é a neta do *senso crítico* e a filha do *discernimento*.

DO PLANEJAMENTO

É organizar no *tempo* e no *espaço* todas as ações diretivas de um processo administrativo, pessoal, familiar ou empresarial.

DA PRIORIZAÇÃO

É discernir a ordem, a importância e o momento de realizar todas as coisas.

DA CREDIBILIDADE

É o resultado da ação coerente e da *continuidade* de nossas atitudes. É quando falar, fazer; quando prometer, cumprir. Palavra é *compromisso*; jamais, em tempo algum, prometa algo que você já sabe que não vai cumprir.

DA PONTUALIDADE

Pontualidade é o ícone da elegância, resultado do *compromisso* assumido. Ser pontual é um exercício de *disciplina* e *organização*.

DA DISCIPLINA

Disciplina é a arte de realizar e cumprir metas dentro do *tempo* e do *espaço*, em harmonia absoluta. Aprendemos, por meio da tradição, que *disciplina* aprende-se no exército. É fazer tudo em tempo controlado e demarcado, com rigor absoluto, sem se importar com a realidade e os limites internos de cada um. O resultado final está acima de tudo, inclusive do equilíbrio e da qualidade de vida de quem a executa. Essa tradição tem trazido uma aversão pela *disciplina*. A *disciplina* é feita de pequenos gestos; ela é a manutenção de nossos hábitos. Devemos exercitá-la o tempo todo. Ela estrutura a nossa mente, sem violentar nossos recursos internos e externos; jamais pode ser imposta, deve ser desenvolvida por cada um, dentro dos seus limites, mas sem ficar na sua *zona de conforto*.

DO SILÊNCIO INTERIOR

O *silêncio* é energia em *expansão*. *Silêncio* não é ficar quieto ou calado. É falar, *agir*, pensar, porém somente o necessário, em harmonia com você mesmo. É buscar a *reflexão* para tomar decisões. *Silêncio interior* é aquele espaço reservado dentro de você, à prova de som para relaxar e curtir-se. É o seu tempo para com você mesmo. É como uma banheira de água morna que envolve seu corpo cansado e traz aquela enorme sensação de bem-estar.

DA ALEGRIA

Alegria é o reflexo da nossa integração interior com o *universo de soluções*. *Alegria* não é rirmos como uma hiena. É um estado interior que surge quando estamos integrados com nós mesmos. É a nossa *força interna* e a nossa *força de vontade* caminhando juntas. Entretanto é necessário trabalhar duro, pois este estado de *alegria* não é imediato, ele exige eliminar pendências.

DA CONTINUIDADE

Continuidade é ter começo, meio e fim com *disciplina* e *alegria*. Não basta organizar-se, *planejar-se*, mandar fazer ou nós mesmos executarmos. Se não houver *continuidade* no processo, esqueça, tudo vai por água abaixo.

DA VIDA PRODUTIVA

É movimentar-se internamente, produzindo o tempo todo.

DA PRODUTIVIDADE

É dar vida aos nossos movimentos internos ou externos, colocando-os em harmonia com o todo, o tempo todo e para o *bem* do todo.

DA COMPETÊNCIA, DA EFICIÊNCIA E DA EFICÁCIA

COMPETÊNCIA

É realizar as tarefas corretamente, mas além do *tempo e espaço* necessários.

EFICIÊNCIA

É executar as tarefas antes do tempo previsto, mas à custa de desastres e prejuízos presentes ou futuros. Gastos de qualquer natureza, além do orçamento previsto, inclusive físico e mental.

EFICÁCIA

É executar as tarefas dentro do *tempo* e do *espaço*, em harmonia absoluta. Execução em *silêncio*, sem desgastes ou gastos financeiros além do orçamento.

DA AUTOCONFIANÇA

É o domínio que temos ou conquistamos sobre algo, inicialmente pela *competência* ou *eficiência*, mas sempre terminamos pela *eficácia*.

DA AUTOMOTIVAÇÃO

É a independência dos estímulos externos, trazendo o *querer* de dentro para fora. É mover-se, interagir-se, comandar-se sem estímulos externos.

DA DEMOCRACIA

Todos têm o direito de se expressar, mas deve prevalecer sempre o que é o justo para todos.

DA ÉTICA

Sem humanização não haverá *ética*. As leis dos homens foram criadas pela falta de *ética*, caso contrário seguir-se-iam as leis da *natureza*, equilíbrio para todos. É um ato consciente de quem busca a paz de existir, cujos efeitos só podem ser conhecidos por quem a possui.

A *ética* é uma questão de princípio e razão de viver em paz com nós mesmos. Ela não tem preço e jamais esmorece, mesmo quando estamos em completa vantagem ou desvantagem, mesmo numa situação que envolve o prejuízo de alguém, aconteça o que acontecer.

Ela jamais é omissa, tampouco impulsiva. Ela é calma, questionadora e acima de tudo *lógica*. É filha do *discernimento* e mãe da justiça.

DA RELIGIOSIDADE

Religiosidade é o perfume essencial da *reciprocidade* que nos conecta ao princípio e ao final de tudo: do alfa ao ômega. Somos conectados ao *universo* e ao *Inventor da Vida* pela coerência das nossas ações na vida. Não necessitamos de crendices, times religiosos ou templos de pedra. O único templo eterno é nosso próprio *consciquântico,* a construção além da *consciência*, o Bluetooth direto com o *Inventor da Vida*.

Religiosidade é um processo individual e impessoal construído na eternidade. Ela desenvolve a *reciprocidade* pelas criaturas e expande a *ética* para o *bem* do todo.

É um conjunto de ações e reações conscientes e coerentes com as leis do *universo*, que nos torna um farol de *reciprocidade* a ecoar na eternidade.

É o religare (do latim *religare* significa ligar novamente no sentido de retornar às origens, ou seja, ao *Inventor da Vida*) construído com muito trabalho e infinitas reencarnações que nos fazem compreender e sentir a sombra do *Inventor da Vida*.

DA RELIGIÃO

É uma congregação que une todos aqueles que ainda precisam de intermediários para se sustentar emocionalmente diante dos movimentos da vida. Desenvolvida pelos homens, tem por detrás a teimosia de insistir que o *Inventor da Vida* nos vigia e nos castiga, bem como nos premia diante das boas ações. É a premissa do ganhar e perder; negociar para compensar as perdas; e arrecadar benefícios pelos quais não tivemos que trabalhar e construir por nós mesmos.

DA CRIANÇA

Toda *criança* deve ser estimulada, observada e orientada nas suas tendências e virtudes. São elas, as tendências, que vão anunciar o futuro de quem as possui. As tendências são resultado no dia seguinte das reencarnações passadas. São elas que nortearão o ser para uma nova aventura. Observando os movimentos da *criança*, desde seus tenros anos, os pais ou cuidadores poderão identificar as suas tendências e orientá-las, facilitando-lhes a sua jornada na vida presente.

DO EDUCAR

Na gênese educacional não se pode dividir os conhecimentos em matérias de ensino. Chegará o dia em que a arte de *educar* será integrada, será um todo, onde pela *maiêutica* e pelo *peripatético* os educadores formarão os educandos, sem pressa. Os artistas educacionais do futuro interpretarão cada vocação e tendências como parte de um todo e farão de cada pergunta formulada um livro de *sabedoria* para todos os educandos.

Educação é arte e não método; é alma e não sistema. Os educadores saberão que cada momento do aprendiz pode definir seu *destino* na eternidade, cujo *objetivo essencial* do *educar* deverá ser o *autoconhecimento*.

O educador do futuro saberá interpretar a história de cada educando pelas suas habilidades e tendências construídas no relógio do tempo. Nenhuma *criança* é um papel em branco. Ela já traz no bojo da sua mente uma construção que, através das reencarnações, será o pilar do seu futuro. Razão pela qual não existem dois seres semelhantes, e como tal, deve ser compreendido de forma individualizada, com um sistema próprio. Aí está a chave do futuro educador.

Educar é sair de si mesmo dando vida ao outro; é despertar o Ser para a sua plenitude. É o simples movimento de doar um pedaço de si ao outro com a intenção de libertá-lo.

Educar não é transmitir conhecimento, mas sim preparar o Ser para a vida com exemplo, *disciplina* e *reciprocidade*.

É despertar competências, habilidades e talentos que preparam o Ser para administrar seu maior empreendimento: a vida.

Educar é ativar *consciências (universo de soluções)*.

É o processo de *autoconhecimento* que, conscientizando o Ser de seu papel no *universo*, integra o corpo, a mente e o *ogos*, tornando-o um só com o *Inventor da Vida*.

Educar é a arte do *universo*, é o esplendor do *Inventor da Vida*, quem o pratica sabe ouvir com *amor* e tolerância, por isso suas ações ecoam na eternidade.

DO ENSINAR E DO EDUCAR

ENSINAR

É transmitir conhecimento, de fato e de imediato para a sobrevivência.

φ   É passageiro.

φ   Basta ter QI (coeficiente de intelecto).

φ   É de mente para mente.

φ   Escuta e ressoa na mente.

EDUCAR

É ativar *consciências* para a eternidade. Para *educar* é preciso:

φ   ter *reciprocidade*;

φ   dar vida;

φ   ter visão de futuro;

φ   é de *ogos* para *ogos*.

DA MAIÊUTICA E DO PERIPATÉTICO

MAIÊUTICA

É o questionamento que conduz a luz da *reflexão*, movimenta o Ser com ele mesmo. É parir o conhecimento que existe em nós e no outro. É descobrir a verdadeira essência de qualquer verdade que estava oculta. Ela utiliza como instrumento o 7º sentido: a *lógica*. Deve ser realizada sempre com sensibilidade e respeito individual.

PERIPATÉTICO

É a observação contínua e a *reflexão* para *aprender* sempre com os exemplos da *natureza*.

É a maneira de *educar* e *educar-se* por meio dos exemplos da *natureza* e do *universo*. Ensine as *crianças* por meio do *peripatético* e elas tornar-se-ão seres *sábios* e conscientes.

Utilize a *maiêutica* e o *peripatético* e todas as cadeias e prisões desaparecerão da humanidade. A *maiêutica* e o *peripatético* são os métodos com os quais encontramos, por meio da busca da verdade e da essência do *ogos*, a relação do *homem* com o *universo*.

Se buscarmos a *maiêutica* como meio de aprendizagem, seremos livres e independentes de qualquer *religião* ou seita, mitos e adorações de vivos ou mortos.

Se nós aprendermos por meio da *maiêutica* e do *peripatético*, encurtaremos a nossa estrada no caminho para a nossa *coordenada cósmica,* a linha que separa o que sou do que estou. É o que diferencia os homens dos animais irracionais.

DO PEDAGOGIZAR

É transferir a outrem as marcas da nossa experiência, envolvidas pelo que temos de melhor, de forma recíproca e recheada de conhecimento, *sabedoria* e *amor*.

DO TEOREMA DA
DESAPRENDIZAGEM HUMANA

O *teorema da desaprendizagem humana* significa a limitação cerebral de *aprender*. Ocorre quando as sinapses emitidas pelos neurônios estão lentas devido ao esgotamento pela idade, falta de reciclagem, falta de *reinvenção*, preguiça e excessos de todos os gêneros: sexo, fumo, alimentação, radicalismos. O processo de desaprendizagem agrava-se a partir dos 50 anos no *homem* e dos 45 anos na mulher.

A civilização Moderna trouxe aos humanos as facilidades da tecnologia e outros benefícios para sustentar a *plataforma de sobrevivência*. Esqueceu-se que esses presentes da *evolução* podem desamparar o progresso interior. Conforto para fora, acomodação para dentro. Avanço para fora, retardamento para dentro. Esperteza para fora, estupidez interior. O *sábio* deve buscar o equilíbrio entre os dois. Mexa-se!

Caro leitor,

É possível que dúvidas surgirão, pois enquanto o *amor* dá vida ao Espírito (*Ogos*), a escrita mata. Estaremos sempre a sua disposição para dar-lhe mais esclarecimentos na medida do possível.

Sugiro para completar ou ampliar seu arquivo de conhecimentos ler nossas obras *Emoções – como conviver com elas* e *Autoconhecimento – o tesouro desconhecido.* Nelas, você vai encontrar histórias de experiências reais de pessoas, como você e eu, e ainda conhecimentos e sugestões úteis para construirmos ou reconstruirmos um novo *destino.* As três obras resumem o que eu tenho de melhor para oferecer, até este momento.

Sugiro, também, conhecer a Fundação Eufraten (www.eufraten. org.br), o Instituto Oikon de Pesquisa e Desenvolvimento Humano (www.oikon.org.br) e o Portal da Heulosofia (www.heulosofia.com) e ver com seus próprios olhos o que a força do *amor* e os braços de voluntários são capazes de construir. Já existe um lugar chamado "Cidade do Autoconhecimento". Venha conhecê-la!

Obrigado pela sua preciosa atenção!

Paulo Zabeu

ÍNDICE

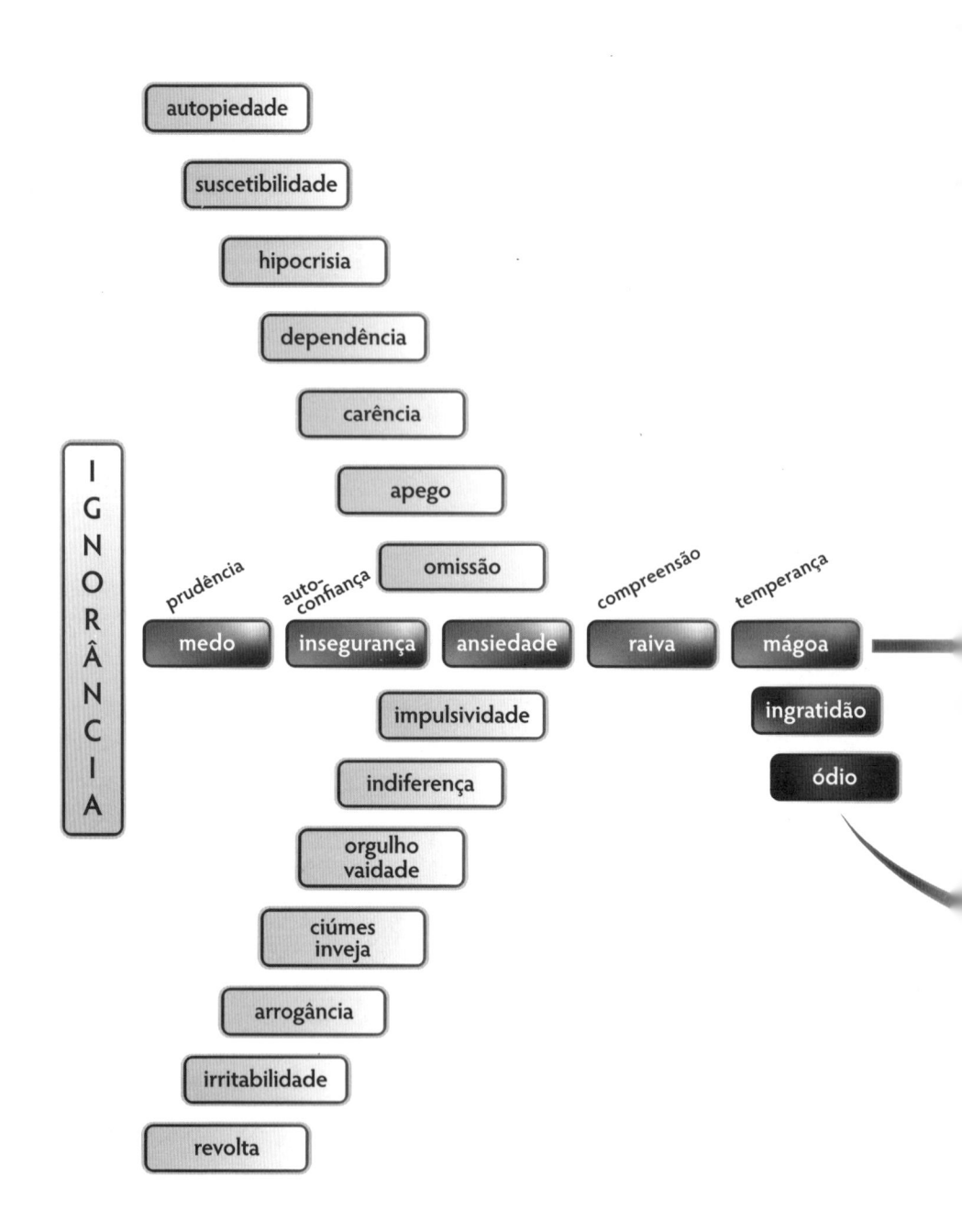

ZONA DE POTENCIALIDADE DA IGNORÂNCIA

O COMPORTAMENTO HUMANO DE A a Z

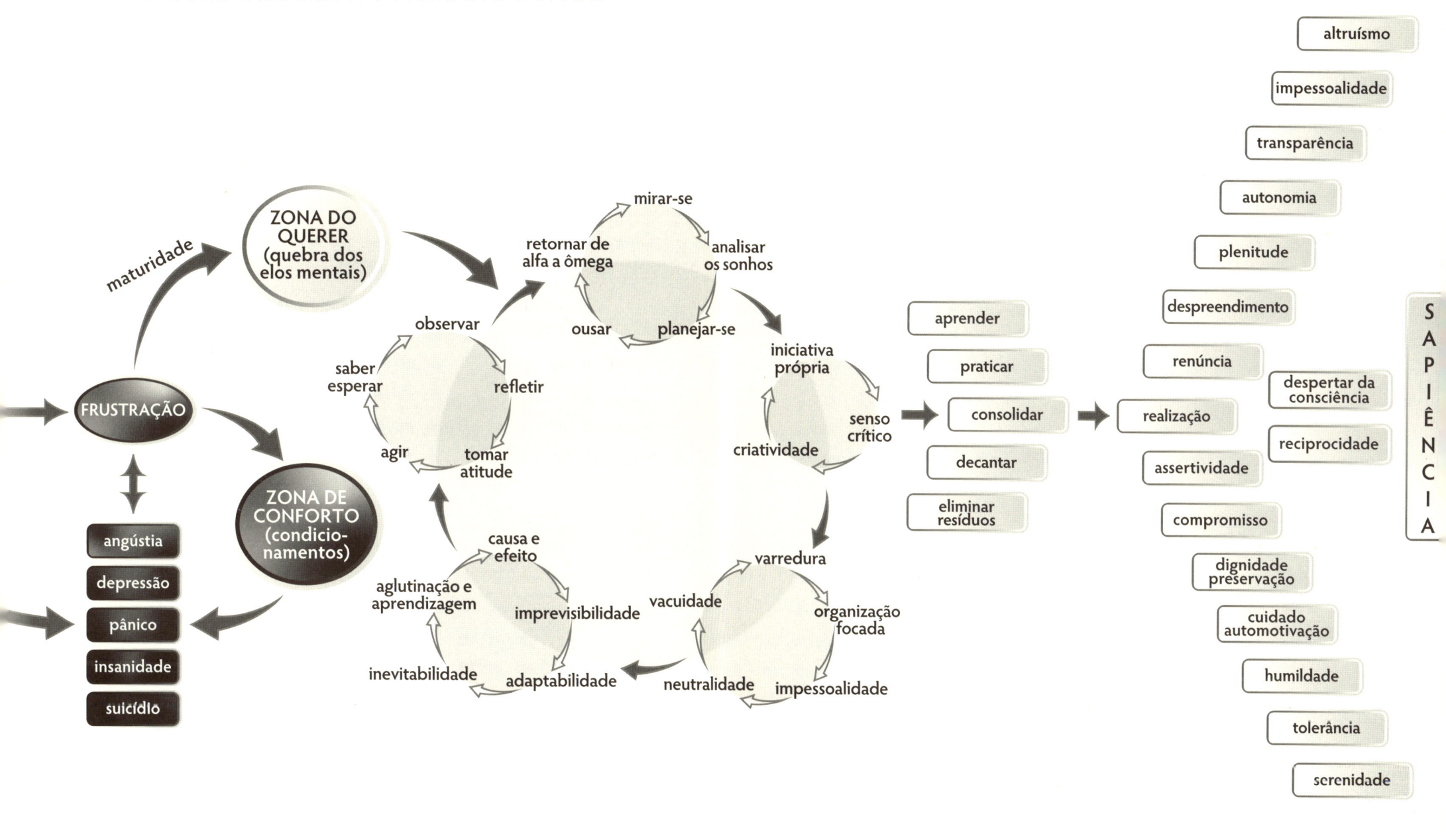